Contrôle fiscal, la pièce de théâtre

Table page 133

Pièce également connue sous le titre
Deux sœurs et un contrôle fiscal

Du même auteur*

Certaines œuvres sont connues sous différents titres.

Romans

La Faute à Souchon : (Le roman du show-biz et de la sagesse)
Quand les familles sans toit sont entrées dans les maisons fermées
Liberté j'ignorais tant de Toi (Libertés d'avant l'an 2000)
Viré, viré, viré, même viré du Rmi !
Ils ne sont pas intervenus (Peut-être un roman autobiographique)

Théâtre

Neuf femmes et la star
Les secrets de maître Pierre, notaire de campagne
Ça magouille aux assurances
Chanteur, écrivain : même cirque
Deux sœurs et un contrôle fiscal
Amour, sud et chansons
Pourquoi est-il venu :
Aventures d'écrivains régionaux
Avant les élections présidentielles
Scènes de campagne, scènes du Quercy
Blaise Pascal serait webmaster
Trois femmes et un Amour
J'avais 25 ans
 « Révélations » sur « les apparitions d'Astaffort » Jacques Brel / Francis Cabrel

Théâtre pour troupes d'enfants

La fille aux 200 doudous
Les filles en profitent
Révélations sur la disparition du père Noël
Le lion l'autruche et le renard,
Mertilou prépare l'été
Nous n'irons plus au restaurant
* extrait du catalogue, voir page 131

Stéphane Ternoise

Contrôle fiscal, la pièce de théâtre

29 septembre 2013

Jean-Luc PETIT Editeur / livrepapier.com

Stéphane Ternoise versant dramaturge :

http://www.dramaturge.fr

Tout simplement et logiquement !

Site officiel : http://www.ecrivain.pro

Stéphane Ternoise

Contrôle fiscal, la pièce de théâtre

Jouer une pièce de théâtre, même pour un public restreint, même lors d'un spectacle gratuit, nécessite l'autorisation de son auteur (ou son représentant).

Stéphane Ternoise

Contrôle fiscal, la pièce de théâtre

Théâtre

Contrôle fiscal, la pièce de théâtre, comédie contemporaine en quatre actes, existe en deux versions. L'originale, avec deux femmes et deux hommes. Où l'on découvre les deux sœurs, Aurélie, la trentaine, artiste peintre, bénéficiaire du rmi, la compagne de Stéphane, et Nathalie, sa sœur cadette, 25 ans, artiste peintre, poète, actrice, plus ou moins secrètement amoureuse de ce Stéphane.
S'agit-il de Stéphane… Ternoise ? La trentaine, travailleur indépendant, auteur-éditeur, rmiste...
Le contrôle fiscal est réalisé par Christian Dupneu, la cinquantaine, inspecteur des impôts.

Des demandes de troupes formées par trois femmes et un homme m'ont laissé croire que l'inspecteur pouvait être une inspectrice des impôts… ce sera Claude Dupneu, la cinquantaine, sa tenue, son attitude, très strictes.

Stéphane Ternoise

Contrôle fiscal, la pièce de théâtre

Comédie contemporaine en quatre actes

Distribution : trois femmes, un homme

Aurélie, la trentaine, compagne de Stéphane, artiste peintre, bénéficiaire du Rmi.

Nathalie, sœur cadette d'Aurélie, 25 ans, artiste peintre, poète, actrice.

Stéphane Ternoise, la trentaine, officiellement travailleur indépendant, activité auteur-éditeur. S'arrange pour atteindre chaque année un résultat insignifiant, ainsi bénéficier du Rmi.

Claude Dupneu, la cinquantaine, inspectrice des impôts, tenue et attitude très strictes.

Située dans la région de Cahors, cette pièce peur aisément être adaptée avec une autre ville de la France métropolitaine. Il suffit de changer quelques noms.

L'utilisation de Stéphane Ternoise comme personnage est naturellement un jeu de l'auteur.

Les personnages peuvent avoir une dizaine d'années supplémentaires en modifiant quelques répliques sur l'âge (naturellement, même au vingt-et-unième siècle, des acteurs plus âgés peuvent toujours tenir ces rôles sans modification du texte)

Acte 1

Le salon d'une maison de village, ancienne, en pierres, près de Cahors. Faiblement meublé : un canapé, une table basse, une télé, un téléphone. Correctement tenu.
Au premier plan, à gauche, porte donnant sur l'extérieur. Puis une fenêtre.
Au premier plan, à droite, porte ouvrant sur la cuisine (où est située l'ouverture conduisant au grenier).
Au fond, porte ouvrant sur un couloir, vers les chambres et la cave.

Stéphane, allongé dans le canapé. Il lit, s'interrompt régulièrement, se penche, griffonne quelques mots sur une feuille posée sur la table basse.

Scène 1

Entre Aurélie. Une enveloppe en main. Elle regarde Stéphane plongé dans son livre. Il redresse la tête en souriant. Elle lui tend l'enveloppe.

Aurélie, *une moue d'inquiétude* : - Trésor public.
Stéphane, *prenant l'enveloppe :* - Trésor public ! Ils ne vont quand même pas me faire payer la taxe d'habitation !
Aurélie : - Ou alors ils te remboursent la taxe foncière…
Stéphane : - Trop optimiste. J'ai juste téléphoné, j'ai prononcé mon nom tellement vite que même une dactylo stakhanoviste n'aurait pas pu le noter. Alors un fonctionnaire !
Aurélie : - Les conversations sont peut-être enregistrées, envoyées en Inde via internet, et là-bas des étudiants en

13

langue française, pour quelques centimes de l'heure, les retranscrivent et les renvoient au service contrôle interne de la direction des impôts, où un logiciel réagit à quelques mots-clés, tout en fournissant des statistiques au chef de service, statistiques primordiales pour dresser le planning des congés payés, du jeu de fléchettes et du nettoyage de la machine à café..

Stéphane : - Tu nous refais une dérive Big Brother is watching you !... et de toute manière il est impératif d'avoir dépassé 75 ans, c'est l'unique solution, affirmation du vénérable fonctionnaire.

Aurélie : - Les fonctionnaires affirment, confirment et parfois infirment. La loi peut évoluer ! Nos députés légifèrent ! Ou notre vénérable administration va reconnaître la première erreur de sa longue et vertueuse existence !

Stéphane : - Ou une mauvaise nouvelle.

Aurélie : - Sois pas pessimiste. Tu n'as jamais payé la taxe d'habitation... et même si quelqu'un m'avait dénoncée, deux travailleurs indépendants Rmistes n'ont pas à payer la taxe d'habitation.

Stéphane : - Qui aurait eu l'outrecuidance de te dénoncer ?

Aurélie : - Le notaire pardi ! Puisque tu ne lui as pas donné l'argent au black réclamé en contrepartie de son sourire.

Stéphane : - L'escroc ! Tu crois qu'ils demandent si tu vis ici, pour communiquer l'info au Conseil Général, diviser par le coefficient delta notre adorable Rmi.

Aurélie : - C'est ton tour Big Brother is watching you ! Officiellement je vis donc chez ma mère, na ! Et cette chère et inchangeable madame ma mère, même devant vingt-cinq présidents de régions en short et cravate assortie, elle le jurerait sur la tête de… mon père ! Elle ne tient quand même pas à me revoir chez elle !

Stéphane : - Trop tard maintenant, impossible de faire l'amour ni de terminer ce chapitre si je n'ouvre pas cette satanée lettre (*qu'il tient toujours en main gauche, dans la droite le livre*).

Aurélie : - Très intéressante ta réaction… pour une ancienne étudiante en psycho !… On a beau être honnête, une lettre avec l'emblème « trésor public », ça panique toujours…

Stéphane : - Quand on regarde le vingt heures, on le voit bien, nous ne sommes que des magouilleurs amateurs…

Aurélie : - J'en suis certaine, jamais personne n'osera la chanter cette chanson. Ils ont tous trop peur d'un contrôle fiscal… Tu crois que c'est une blague de ma frangine cette lettre ?

Stéphane : - Tu la crois capable d'aller aussi loin dans le canular de mauvais goût ?

Aurélie, *en souriant :* - Monsieur Ternoise, vous êtes convoqué au centre des impôts de Cahors, troisième escalier, porte K !

> *Stéphane sourit, ouvre l'enveloppe. Sort la lettre. Commence à la lire. Laisse tomber le bouquin. Pas un mot. Il se fige. Blanc.*

Aurélie, *le fixe, puis :* - Je peux savoir ?

> *Stéphane sans réaction. Seuls les yeux scrutent chaque mot.*

Aurélie : - Raconte.

> *Aurélie va s'asseoir près de Stéphane. Il tourne la lettre.*

Aurélie, *lit, se fige, marmonne :* - Oh rivière de mercure !

15

Stéphane : - Tu crois qu'on m'a dénoncé parce que dans les salons du livre je demande toujours à être payé en liquide ?

Aurélie : - Nathalie ne serait pas capable d'une telle blague. Avant oui. Non, ce n'est pas possible. J'aurais reconnu son style. Ou alors elle a replongé.

Stéphane : - Replongé ?

Aurélie : - Replongé dans un de ses trips loufoques… c'est peut-être difficile à croire pour toi mais elle s'est bien assagie avec l'âge Nat !… Je ne t'ai jamais raconté ! Comme quand elle suivait les vieux dans la rue en notant sur un carnet leurs faits et gestes et le lendemain frappait à leur porte pour leur demander d'expliquer tel ou tel détour. Le plus souvent les vieux lui répondaient, lui offraient même le café ! C'était leur distraction gratuite, pas pire qu'un dimanche Jacques Martin. Ou quand elle téléphonait aux Nathalie de l'annuaire, pour leur demander comment elles supportaient leur prénom.

Stéphane : - Tu l'appelles.

Aurélie : - Tu la crois debout à onze heures, toi ?

Stéphane : - Essaye quand même.

Aurélie : - Si elle m'envoie acheter du tournesol, je te la passe.

> *Aurélie se lève, va au téléphone, le décroche, pianote.*
> *Près d'une minute. Puis :*

Aurélie, *à Stéphane :* - Je suis certaine, elle a débranché.

Aurélie, *au téléphone :* - Nat ! C'est ton Aurel.

Aurélie : - Je me doute…

Aurélie : - Mais non, nous n'avons pas retrouvé ton ébauche… Je te l'ai déjà juré, je suis certaine de ne jamais l'avoir vue… Nous avons bien reçu ta lettre… Sur le coup on a vraiment paniqué…

Stéphane, *tout sourire :* - Ah ! C'est elle !

Aurélie : - Allez Nat, tu peux te confesser maintenant.

Aurélie : - Bon, on y croit encore une minute et après tu nous expliques pourquoi tu nous as envoyé ça.

Aurélie, *à Stéphane :* - Elle joue serré, mais elle va avouer ! Elle répond comme si elle n'y comprenait rien.

Aurélie, *au téléphone :* - Je disais à Stéph que tu fais comme si tu comprenais rien.

Aurélie, *à Stéphane :* - Elle jure sur la tête de Max Ernest !

Aurélie : - Mais non je n'ai pas fumé de graines de tournesol ! Stéphane vient de recevoir une lettre de contrôle fiscal…

Aurélie éloigne le téléphone de son oreille.

Aurélie, *à Stéphane :* - C'est son célèbre cri « *Et tu me réveilles pour ça !* »

Aurélie : - Toi qui as presque terminé de grandes études de droit, tu devrais pouvoir nous aider…

Aurélie : - Bisous.

Aurélie : - Tu crois que j'ai la tête à te demander ce que tu as peint cette nuit ! Tu nous raconteras tout à l'heure.

Aurélie, *en raccrochant :* - Super Nat va passer avec tous ses souvenirs. Elle a vendu en mars un tableau à un mec du centre des impôts, elle va rechercher son nom… Si c'est lui, elle est même prête à lui en offrir un autre pour qu'il passe au dossier suivant… Je comprends pas comment tu m'as préférée !… Si j'étais un mec, je crois que je ne pourrais pas résister à Nat.

Stéphane : - Donc si tu deviens lesbienne… Ça m'a coupé l'envie de faire l'amour, cette sale histoire ! Tu te rends compte, c'est la première fois qu'à ton retour du facteur on ne fait pas l'amour !

Aurélie : - Ouf, tu as remarqué aussi ! Rien que pour ça, je le hais déjà ce Claude Dupneu…

Stéphane : - C'est peut-être une femme.

Aurélie : - Inspecteur, c'est plutôt masculin… quoique dans la féminisation des titres, les administrations ne donnent pas l'exemple.

Stéphane : - Nathalie a vendu à un mec, ce serait préférable que ce soit lui.

Aurélie : - Tu devrais peut-être rechercher tes trois dernières déclarations…

Stéphane : - Comment veux-tu que je les retrouve !… Elles doivent s'empoussiérer dans les caisses des « brouillons à revoir ».

Aurélie : - Comme quoi, il ne faut jamais rien jeter !

Stéphane : - Ou les souris les ont dévorées.

Stéphane se lève.

Aurélie : - Tu y vas déjà… alors c'est vrai ! On se prive d'amour !

Stéphane : - Viens toujours chercher avec moi… Peut-être qu'au milieu des cartons…

Ils sortent. Aurélie l'embrasse sur la joue.

Aurélie : - Mon fraudeur adoré…

Scène 2

Un chien aboie. On frappe à la porte. Aurélie entre par le couloir, parlant à Stéphane qui la suit (les bras remplis de papiers, qu'il posera sur le canapé).

Aurélie : - …une voiture, et Gary aboie, c'est forcément super Nat… Ecoute… Je reconnaîtrais sa manière de frapper entre mille.

Aurélie ouvre la porte.
Nathalie entre, se pend au cou de sa sœur.

Nathalie : - Salut les paniqués… Toi tu viens de copuler férocement !

Aurélie : - Je préfère l'expression « faire l'amour »… Mais ça ne se voit pas !

Nathalie : - Tes yeux Aurel !

Aurélie *s'avance vers la glace et s'y regarde :* - C'est juste parce que tu sais que le facteur… Je ne te raconterai plus rien !

Nathalie se pend au cou de Stéphane.

Nathalie : - Tes yeux aussi Stéph !

Stéphane : - Puisque tu es voyante, tiens (*il lui tend la lettre du centre des impôts*).

Aurélie : - Alors, ton acheteur l'inspecteur ?

Nathalie : - Christophe Duglaner.

Stéphane : - Claude Dupneu.

Nathalie : - C'est un bon début… Les mêmes initiales ! CD ! Quand la musique est bonne, on nique, on nique ! Excusez-moi, j'ai repassé une nuit avec l'autre CD, ce Carlo dragueur d'aéroport, vous vous souvenez, le CD d'Addis-Abeba ?

Aurélie : - Fais gaffe, quand même, il n'est pas net, ton fonctionnaire européen.

19

Nathalie : - Il veut se taper une bourgeoise black, séparée de son mari quoique retournant parfois dans son lit et en froid avec son amant officiel, une cocotte au baratin de vertus et dignités, alors on a répété des petites scènes d'amitiés particulières.

Aurélie : - Tu te souviens de tes cours de fiscalité ?

Nathalie : - N'oublie jamais : encore trente-six ans et neuf mois de Rmi à toucher avant de vivre correctement de mes créations... et comme tu le vois (*pose mannequin*) j'ai tout juste vingt-cinq ans !... (*elle récite :*) Sont le plus souvent contrôlées les professions où circule de l'argent en liquide...

> *Aurélie et Stéphane la fixent.*

Aurélie : - Ce ne sont que quelques petites pièces !

Nathalie, *continue :* - Les contrôleurs effectuent systématiquement des recoupements pour traquer les invraisemblances... (*souriante :*) tu n'aurais pas rempli une déclaration d'ISF ?

Stéphane : - ISF ?

Nathalie : - Impôts Sur la Fortune quoi !

Aurélie : - TSF

Stéphane : - TSF ?

Nathalie : - Ne viens pas nous embrouiller... ISF, TSF, SNCF... On s'égare.

Aurélie : - TSF ! redevance télé.

Stéphane : - Trésor public, service de la redevance de l'audiovisuel, circonscription de Périgueux, rue des Francs Maçons.

Nathalie : - Tu te souviens même de la rue !

Stéphane : - Attends, j'ai vu cette paperasse y'a pas dix jours, pas même dix minutes... (*il fouille ses papiers*)

Stéphane, *lit :* - A l'issue d'un rapprochement entre les

fichiers « redevance de l'audiovisuel » et « taxe d'habitation », effectué conformément aux dispositions de l'article L117 A du livre des procédures fiscales, il apparaît que vous n'êtes pas recensé comme détenteur d'un téléviseur à l'adresse où vous êtes assujetti à une taxe d'habitation. Si vous ne possédez pas de téléviseur, il vous suffit de le préciser sur le questionnaire en cochant la case adéquate.

Nathalie : - Et forcément tu n'as pas renvoyé le questionnaire !

Stéphane, *lui montrant* : - Ils n'avaient pas joint d'enveloppe affranchie pour la réponse !

Nathalie : - Et ce n'est qu'un article, le L117 A. Je peux même sûrement vous apprendre que le Code Général des Impôts, comprend 1965 articles, plus des annexes, plus le Livre des procédures fiscales et les instructions administratives de Bercy. Et nul n'est censé ignorer la loi !

Aurélie : - Faudra monter la télé au grenier.

Nathalie : - De toute manière, je ne vois vraiment pas à quoi elle vous sert.

Stéphane : - Je l'ai gagnée à un concours de connaissances… Sur le foot… Tu sais qu'à 17 ans j'étais déjà un ancien espoir du ballon rond !

Aurélie : - Très intéressant pour l'ancienne étudiante en psycho ! Ainsi en conservant cette télé qui ne fonctionne peut-être même plus, tu gardes un peu de tes 17 ans !

Nathalie : - On l'essaye !

Aurélie : - Tu ne crois pas qu'on a des choses plus urgentes à faire ?

Nathalie : - Si vous n'aviez pas fini, allez-y, je patiente ici.

Aurélie : - Qu'est-ce tu racontes ?

Nathalie : - Si vous m'en voulez d'avoir interrompu votre copu… amour effréné !

Aurélie : - Trésor fiscal !

Nathalie, *en s'asseyant :* - Regarder la télé ! Tu crois que je tiendrais ?… Tu me la donnes ta télé, Stéph ? J'écrirai « Ici personne » sur l'écran, et je la mettrai en vente lors de l'expo de printemps… Tu crois pas que c'est ma meilleure idée… de la journée ?

Aurélie : - Trésor fiscal ! (*elle s'assied, Stéphane aussi*)

Nathalie : - Bon ! Va falloir mettre un peu le bordel ici ! C'est trop propre votre nid de tourtereaux. Y'a même pas une toile d'araignée. Indispensable. Car si votre contrôleur est un fouineur, il trouvera forcément quelque chose dans tes déclarations. Comme on ne peut plus les changer, comme on ne peut plus changer de contrôleur… Il faut terroriser les terroristes (*voix grave à la Charles Pasqua*) ! Enfin, il faut décontenancer le contrôleur. Intimider l'inspecteur.

Aurélie : - Il faut frictionner le fonctionnaire.

Nathalie : - Confisquer les fiscaliseurs.

Aurélie : - Fermer le fisc.

Nathalie : - Délocaliser leur local.

Aurélie : - Enfouir les fouineurs.

Stéphane : - Vous croyez vraiment le bon moment approprié pour rivaliser de lyrisme fiscal !

Nathalie : - Il doit venir quand votre fonctionnaire ?

Stéphane : - 15 jours.

Nathalie : - Trop tôt !

Stéphane : - 15 jours ou un mois, ça change quoi ? Et le plus vite sera le mieux finalement, le pire c'est l'incertitude ! Comment vais-je dormir durant quinze jours ?

Nathalie : - T'inquiète ! Aie confiance en Aurel ! 15 nuits sans sommeil, ça vous remplira la vie d'un tas d'imprévus à me raconter !

Aurélie : - On n'est pas tes cobayes, Nat !

Nathalie : - Dans 15 jours si vous laissez la fenêtre ouverte la nuit, la chaleur restera encore respectable dans le salon, tandis que dans un mois, ça risque d'être limite frigo.

Aurélie : - Tu veux dire qu'il faut congeler le contrôleur pour qu'il aille voir ailleurs !

Nathalie : - Exactement. Même un contrôleur a, au moins un jour, été un être humain. C'est dans les situations difficiles qu'un peu d'humanité peut ressortir. Il faut qu'il en arrive à penser : je perds mon temps, même s'il a fraudé ce type, il restera en dessous du seuil d'imposition…Tu n'as pas trop exagéré ?

Stéphane : - Comment pourrais-je le savoir ?

Nathalie : - Enfin, juste pour garder le Rmi et acheter du rosé… d'ailleurs je n'ai pas encore déjeuné… Vous n'auriez pas un p'tit rosé au frais ?

Aurélie se lève et va à la cuisine chercher une bouteille de rosé.

Nathalie : - Si vous me laissez carte blanche, je vous prépare une réception qu'aucun bureaucrate ne pourrait souhaiter à son ministre.

Stéphane : - Tu ne crois pas qu'il vaudrait mieux l'amadouer, plutôt qu'essayer de le terroriser ?

Nathalie : - C'est l'erreur impardonnable avec les fonctionnaires. Dans bureaucrate il y a bourreau. Essayer de l'amadouer c'est encore se croire dans un conte pour enfants où il suffit de sourire au lion pour ne pas être dévoré. Il a l'habitude de ressentir sa victime à sa merci, le bureaucrate, et plus le contribuable s'abaisse plus il appuie sur la tête. Ici, il va douter, puis il va trembler.

Stéphane : - Trembler… Faudrait quand même pas aller trop loin (*Aurélie rentre… sert trois verres de rosé*).

Nathalie, *prend un verre* : - A notre combat ! (*ils trinquent*)

Aurélie : - Comment vas-tu le faire trembler ce type ?

Nathalie : - Les souris !… Qui dit campagne dit souris !… Il va falloir attraper quelques souris d'ici là…

Aurélie : - Ah non ! On ne lâche pas de souris ici. J'arriverai plus à dormir.

Nathalie : - Bon… En plus, les lâcher, elles sont tellement peu coopératives qu'elles risquent de même pas se montrer. Il suffit d'en enfermer une dans vos pièges, ceux aux pigeons… Deux trois trappes aussi pour qu'à son arrivée il ait un service d'accueil conforme à son rang… Tu vas pas te montrer Aurel, nous irons au grenier, et nous jouerons aux petites souris excitée par un gros fromage suisse…

Aurélie : - Ça t'amuse ce genre de mise en scène !

Nathalie : - On n'a pas tous les jours l'occasion de bousculer un bureaucrate !… Et si ça marche… Tu trouves pas que ce serait un bon sujet… Tu peux m'en resservir un deuxième… Je suis à jeun… C'est une bonne bouteille ! Encore une réclamation réussie !?

Stéphane : - Comme les autres ! Mais cette fois l'œuvre d'Aurélie qui a inventé une histoire abracadabrante de repas des chasseurs gâché par leur vin bouchonné. Vingt-quatre bouteilles gagnées cette fois !

Nathalie : - Va vraiment falloir que je me mette aux réclamations ! Carlo m'a bien offert un carton de champagne pour notre nuit de grandes caresses. Mais ça

24

part si vite ! Sa Momina a des scrupules, elle lui a écrit n'avoir aucune raison de tromper son copain mais elle a un fantasme, être caressée toute une nuit. Il me gonfle ce vieil étalon italien.

Aurélie : - Tu veux des biscottes ?

Nathalie : - Terminé ! Terminé quoi ? Les biscottes à jeun !… Mais une pomme je veux bien (*Aurélie se lève et va dans la cuisine*). D'ailleurs… Je crois que je suis bien partie pour décrocher le rôle de Phèdre… Bon Phèdre de Cahors, Agen, Montauban, c'est pas Avignon… Oui, votre histoire m'intéresse… Je suis certaine que je pourrai en faire une pièce de théâtre !

Stéphane : - Avec dans le rôle de Nathalie : super Nat !… Auteur, metteur en scène, actrice principale, digne héritière de Sarah Bernhardt, pourvue d'une plume à remuer dans leur tombe Molière, Shakespeare et Sacha Guitry. (*durant cette tirade, Stéphane regarde tendrement Nathalie, qui le lui rend bien, et il caresse sa jambe gauche sur une vingtaine de centimètres en remontant, en partant du genou – ils détournent les yeux*) Et tu crois indispensable de retarder ce satané rendez-vous ?

Nathalie, *très bas* : - Je rêve d'Amour. (*plus haut :*) Indispensable !

Stéphane : - Et le motif sérieux ?

> *Aurélie revient et lui lance une pomme, reste debout, admirative de sa sœur.*

Nathalie : - Tu as un rendez-vous avec une chanteuse. A Paris. Dans l'optique d'écrire son prochain album. Naturellement tu ne peux pas décaler ce rendez-vous, essentiel pour ta carrière d'auteur.

Stéphane : - La chanteuse s'appelle ?

Nathalie : - Top secret forcément ! La chanson est un

milieu où tout doit rester confidentiel. Il faut bien faire sentir à ce bureaucrate qu'il n'est pas de ce milieu. Il a beau posséder le pouvoir de fouiner, il ne peut que rêver devant sa télé. Ces artistes devant lesquels il est en bave, toi tu les tutoies ! (*Stéphane moue sceptique*) Stéph, tu les tutoies ! Il doit le croire, donc tu dois le croire avant lui. Il a peut-être une fille ou un fils ce Ducon ! Et qu'est-ce qu'il ferait pas pour ne plus passer pour le vieux con de service devant ses gosses de friqué. Quel beau dimanche il va passer s'il peut proclamer avoir vu l'homme qui tutoie l'idole de sa fille.

Stéphane : - Sa fille est étudiante en droit et n'aime que l'opéra.

Nathalie : - Sois optimiste ! Le monde appartient aux héros assez courageux pour vivre debout, assez lucides pour regarder dans les yeux même les bourreaux, quand il n'est plus possible de changer de trottoir.

Rideau

Acte 2

Le même salon... Crade et bordel (sans télé), fenêtre grande ouverte. Au premier plan un piège grillagé avec une souris à l'intérieur. Devant la fenêtre, une vieille gazinière et sa bouteille à côté. Le chien aboie. On frappe à la porte extérieure.

Scène 1

Aurélie arrive en courant, enfilant un gros pull. Aurélie ouvre la porte. Nathalie entre, très couverte.

Nathalie, *tend un sac de supermarché* : - Présentez, armes !

Et retourne le sac : un énorme nuage de poussière.

Aurélie et Nathalie : - Hmm Hmm Hmm Hmm Hmm...
Aurélie : - Tu ne crois pas que c'était déjà amplement suffisant ?
Nathalie : - C'était l'occasion de faire... Hmm hmm... Le ménage.
Aurélie : - Ton appart est propre ! Qu'est-ce qui se passe ?
Nathalie : - Je vais peut-être déménager...
Aurélie : - Je croyais que tu avais viré à l'abstinence... Hmm hmm...
Nathalie : - Justement... Ce Carlo m'a dégoûté du futile et des mensonges... Je change de vie.
Aurélie : - Tu entres au monastère ?
Nathalie : - Je suis amoureuse !
Aurélie : - Et lui ?
Nathalie : - Je n'ai pas encore osé lui avouer !
Aurélie : - Toi ! Mais qu'est-ce qui se passe !

Nathalie : - Hmm hmm hmm hmm hmm… Imagine qu'au lieu d'un inspecteur arrive notre chère mère adorée.

Aurélie : - J'assisterais à… Vos fumeuses retrouvailles… Hmm hmm…

Nathalie : - Parle pas de malheur !

Aurélie : - Depuis que je vis avec Stéph, ça va nettement mieux… On parle pluie, beau temps, touristes, hausse des prix, achats remboursés, soldes !… T'inquiète pas, je lui en ai dit le minimum mais suffisamment pour qu'elle ne vienne pas.

Durant ces propos, Aurélie prend un pull sur le canapé et se le passe, puis met un bonnet. Nathalie sort un bonnet de sa poche et en fait de même.

Nathalie : - Et Stéph ?

Aurélie : - Sois pas surprise… Tu l'as vu non peigné depuis huit jours… Ce matin j'ai ajouté un peu d'huile sur ses cheveux…

Nathalie : - C'était un ordre impératif de super Nat !… Pourquoi je serais surprise… Il doit être tout mignon comme ça !

Aurélie : - Je le préfère autrement…

Stéphane entre en peignoir, bonnet sur la tête, ses cheveux gras dépassent, grosses chaussettes (couleurs différentes), pantoufles trouées.

Nathalie : - Whaaaaahhhhhh !

Stéphane, *la voix pâteuse* : - Salut les filles !

Il éclate de rire. Nathalie se pend à son cou très tendrement…

Stéphane : - J'arriverai jamais à parler comme ça durant quatre heures.

Nathalie : - Il ne tiendra pas quatre heures ! Parole de Nat ! Allez, dernière répétition générale… Où est le sang ?

Aurélie : - Non, pas de répétition pour la scène du sang. On a déjà testé avec de l'eau, on sait que ça marche.

Stéphane sort par la porte de la cuisine, revient avec un flacon.

Stéphane : - Du vrai sang de souris. Il doit être temps de le sortir du frigo, sinon, du sang froid ça peut surprendre… (*il agite le flacon*) et même pas coagulé !

Nathalie : - Tu as dû t'amuser à saigner cette petite bête.

Aurélie : - Je me suis dévouée.

Nathalie : - La scène des fantômes.

Aurélie : - Mais non, on va la réussir !

Stéphane : - Refaites-la quand même… Il ne faudrait quand même pas exagérer… Il doit se demander si c'est un fantôme ou des souris… Je connais Nat !

Nathalie : - Quoi ! Tu me connais ?… Je sais me tenir… Parfois !

Aurélie : - Allez, allons au grenier.

Nathalie et Aurélie sortent par la cuisine

On entend :

Aurélie : - Attends que je sois dans le grenier avant de mettre un pied sur l'échelle… Tu sais que les échelles et moi on n'est toujours pas les meilleures copines du monde.

Nathalie : - Tu devrais en parler à ton psy !… Pourquoi tu as arrêté ?

Aurélie : - Tu sais bien que j'en connais plus que tous les psys de Cahors réunis…

Nathalie : - Sur les autres peut-être, mais c'est toujours

sur soi le plus compliqué… Pourquoi tu ne veux pas être ma psy ?

Aurélie : - Je t'ai déjà expliqué : impossible. Le transfert ne fonctionnerait pas. Je te connais trop.

Bruit : un saut à pied joint dans le grenier

Nathalie : - Tes souris adorées sont arrivées !

Stéphane : - Des souris, pas des éléphants !

Nathalie : - Si on répétait les glissades à la crème !

Bruit : les glissades !

Stéphane : - Pas mal. On retient les glissades.

Nathalie : - Les petites danseuses, les vieux rats du conservatoire !

Bruit : les « rats » !

Stéphane : - Là je doute ! Vraiment vous ou des souris ?

Aurélie : - La marche sur talons.

Bruit : des craquements du plafond.

Stéphane : - Heureusement que tu n'as pas d'aiguilles.

Aurélie : - Mais ça donne quoi ?

Stéphane : - On se croirait un soir d'hiver quand on se demandait si des souris pouvaient faire un tel chambard.

Aurélie : - Alors on peut redescendre ? Essai concluant ?

Nathalie : - Attends.

Bruit : comme des fantômes dans un grenier.

Stéphane : - Tu fais ça comment ?

Nathalie : - Secret ! Ça donne ?

Stéphane : - A faire uniquement s'il commence à paniquer, à se demander s'il est arrivé dans une maison hantée.

Aurélie : - Je descends la première… Je sais je suis

30

l'aînée… Mais sur une échelle… Stéph, viens tenir l'échelle.

Stéphane sort (vers la cuisine). On entend de la cuisine :

Stéphane : - Alors mon amour, les échelles seront toujours ton talon d'Achille ?

Nathalie : - Je peux descendre ou je vous laisse prendre une pause ?

Bruit : un grand bond.

Nathalie : - Sauter du quatrième barreau, un jour tu réussiras aussi petite frangine !

Aurélie : - Et si tu étais passée dans la cave ! C'est du plancher par terre ici !

Nathalie : - Donc tu n'as pas encore détourné suffisamment pour restaurer vraiment la cuisine ! N'hésite pas à le signaler à ton fouineur.

Ils reviennent dans le salon.

Nathalie : - Alors, tes petites souris fantomatiques ?

Stéphane : - Presque fantastiques… Mais bon, je ne suis pas inspecteur des impôts… J'ignore comment ça réagit ces humanoïdes-là !

Aurélie : - J'ai faim !… J'ai préparé à manger dans la chambre…

Nathalie : - Décidément, on y fait tout dans votre chambre !

Aurélie, *à Stéphane* : - Tu peux rester ici, si c'est trop difficile de nous regarder manger.

Nathalie : - Oh Stéph, ton odeur sauvage !

Aurélie : - A trois mètres, tu la renifleras aussi bien qu'à trois millimètres.

Ils sortent par la porte des chambres.

scène 2

Entrent Nathalie et Aurélie.

Nathalie : - Tu crois qu'il va tenir, Stéph ?

Aurélie : - Tu veux dire… Que finalement nous aurions dû dormir cette nuit ?… C'est terrible de l'avoir empêché de déjeuner… Alors que ça donne vachement faim !

Nathalie : - Moi ça me donne plutôt l'envie d'allumer la télé !… Ils sont tellement tous pareils les mecs, vides, comme téléguidés par une télé ou une radio… Des machos manchots du cerveau, des manipulateurs. Je me suis laissée triturer par ce salaud de Carlo aussi pour avoir devant les yeux un monstre.

Aurélie : - Je te prévenais de te méfier. C'était un sophiste, il t'aurait enfermé dans la dépression si tu avais continué.

Nathalie : - Je croyais être assez forte pour lutter mais je vois bien qu'il m'a utilisée comme il utilise les autres, avec ses théories d'amitié de sagesse et tendresse.

Aurélie : - Son baratin était trop bien huilé.

Nathalie : - Ça y est, il se l'est tapée sa bourgeoise. Après trois nuits, ils sont dans le bras de fer : il veut qu'elle accepte avec sourire et plaisir ses nuits avec Sophie et elle voudrait qu'il quitte sa blanche, l'épouse et l'engrosse. Si elle connaissait vraiment sa vie, madame naïve la schizophrène qui continue à écrire mon amour à son amant officiel qui continue de l'attendre. Bref, quand je te vois… Je peux te demander… Un service ?

Aurélie : - Si ce n'est pas de passer une nuit avec Stéph.

Nathalie : - Bon alors je n'ai rien dit !

Aurélie : - Tu reconnais quand même que tu exagères ?

Nathalie : - Non… Puisque je n'agis pas derrière ton

dos… Je vais peut-être essayer avec des filles… Tu as déjà essayé ?

Aurélie : - Tu sais bien… Tu es la seule fille avec qui je peux parler plus d'un quart d'heure.

Nathalie : - Je ne dis pas de parler, je sais bien que nous sommes les frangines misanthropes… C'est une proposition !?

Aurélie : - N'exagère pas !

Nathalie : - Tu crois que Stéph serait d'accord pour un câlin à trois ?

Aurélie : - Je devrais peut-être me méfier de toi !

Stéphane entre.

Stéphane, *voix pâteuse* : - Alors, les filles, pas encore au grenier ?

Nathalie, *regarde sa montre* : - Oh Picasso !… Moins cinq !… On discutait de c'qu'on pourrait faire de tendre ce soir pour te… redynamiser !

Aurélie, *qui emmène Nathalie* : - Au grenier frangine, (*à Stéphane* :) n'oublie pas de fermer la fenêtre !

Nathalie : - Tes petites souris vont t'épater… Et n'oublie pas d'être vulgaire ! Je veux entendre des « merde », des « oh putain ! »

Elles sortent vers la cuisine, Stéphane ferme la fenêtre et les volets puis va à la cuisine cacher l'échelle.

Stéphane : - Ferme bien la trappe.

Stéphane revient dans le salon, va se regarder dans le miroir. Se sourit.

Stéphane : - La tête que j'ai aujourd'hui, j'la r'gretterai dans dix ans !*

* extrait d'une publicité de Serge Gainsbourg pour les pellicules photos Konica.

Bruit : un grand coup de pied dans le grenier. Stéphane sursaute.

Nathalie : - Compagnie du grenier, au poste !
Stéphane : - Chut !…

Stéphane s'assied sur le bord du canapé. Se relève. Se rassied. On frappe à la porte. Stéphane sursaute. Respire un grand coup. Se bouche le nez. Agite les bras. On frappe de nouveau.

Voix du dehors : - Y'a quelqu'un ?
Stéphane , *pour lui*: - Une femme ! Claude, une femme ! J'étais préparé à jouer la comédie à un vieux croûton, et si c'est une amazone ? Mais si je n'ouvre pas, je suis foutu…

On frappe de nouveau. Stéphane va à la fenêtre, l'ouvre, ouvre le volet. Apparaît l'inspectrice.

Stéphane, *voix pâteuse* : - Vous êtes perdue ?
L'inspectrice : - Stéphane Ternoise ?
Stéphane : - Parfois… C'est pour quoi ?
L'inspectrice, *surprise* : - Vous êtes bien monsieur Stéphane Ternoise ?
Stéphane : - Parfois… Assez souvent.
L'inspectrice : - Inspecteur Dupneu, du centre des impôts de Cahors. Nous avons rendez-vous à quatorze heures.
Stéphane : - Vous êtes certaines ?
L'inspectrice : - Oui.
Stéphane : - J'ai reçu une lettre signée d'un inspecteur des impôts.
L'inspectrice : - Vous pouvez m'appeler inspecteur ou inspectrice, ça ne change rien aux fonctions.
Stéphane : - Ah bon… (*bâille*) Pourquoi vous passez ce matin ?

L'inspectrice : - Il est quatorze heures.

Stéphane : - Pas possible !

L'inspectrice, *tourne vers lui sa montre* : - Déjà quatorze heures cinq.

Stéphane : - Alors c'est à cause de ces putains de souris. Elles ont fait un de ces raffuts. Mais vous êtes sûr, quatorze heures en France ?

L'inspectrice, *s'impatiente* : - Je peux entrer.

Stéphane : - Oui... Si vous me jurez qu'il est bien quatorze heures... En France ?...

> *Stéphane va à la porte, agite la serrure, revient à la fenêtre*

Stéphane : - Hé !... Inspecteur !... Inspectrice !...

> *L'inspectrice réapparaît à la fenêtre.*

Stéphane : - Vous vous y connaissez en serrures ?

L'inspectrice : - C'est-à-dire ?

Stéphane : - C'est bloqué depuis deux mois.

L'inspectrice : - Et vous ne sortez pas depuis deux mois ?

Stéphane : - Si si, j'passe par la cave. Vous seriez pas un peu serrurier ? Ou serrurière ?

> *L'inspectrice le fixe, de plus en plus interloquée.*

L'inspectrice : - Pourriez-vous m'indiquer votre entrée secondaire ?

Stéphane : - Pas de problème (*il fait les signes en même temps*) tout droit, à gauche au bout du mur, à gauche encore, et première porte à gauche. Faites comme chez vous, c'est ouvert. Je vais vous ouvrir en haut. Y a un escalier, c'est pas le Plazza mais ça tient.

> *L'inspectrice disparaît.*

Stéphane, *sourit* : - Si elle arrive avec des toiles d'araignées dans les cheveux, j'arriverai jamais à me retenir (*il joint les mains*). Mon Dieu des magouilleurs amateurs, faites qu'elle se casse la gueule dans les escaliers !... Si j'étais à sa place, je le ferais exprès ! Accident du travail !

> *Stéphane sort.*

On entend :
Stéphane : - Vous inquiétez pas, j'y passe trois fois par jours... Je passe devant vous...

> *Ils entrent.*

L'inspectrice, *qui lui tend la main* : - Bonjour monsieur Stéphane Ternoise.
Stéphane : - Ah oui ! (*en baillant*) Au fait, bonjour madame Dupneu.
L'inspectrice : - Claude Dupneu, inspecteur au centre des impôts de la 1ere circonscription du Lot, à votre service.
Stéphane : - C'est donc vous qui avez signé la lettre que j'ai reçue... Euh... Heureux de vous rencontrer en vrai.
L'inspectrice, *qui regarde autour de lui, interloquée* : - Merci de me recevoir.

> *Bruit : des doigts grattent le bois dans le grenier. Stéphane ne s'en soucie pas. L'inspectrice regarde autour et au-dessus de lui.*

Stéphane : - Je n'avais pas le chois, je crois !...
L'inspectrice : - Je suppose que vous avez préparé votre comptabilité.
Stéphane : - Ma... Ah oui... Les dépenses et les recettes... C'est ce que vous appelez comptabilité ?

L'inspectrice : - C'est le terme exact.

Stéphane : - Vous êtes certaine ?

L'inspectrice : - Parfaitement.

Stéphane : - Je croyais que comptabilité ça s'appliquait aux entreprises.

> *L'inspectrice avance et... Aperçoit la cage grillagée...*

L'inspectrice : - Ha ! (*elle a un geste de recul…*)

Stéphane, *s'avance* : - Ça va être une bonne journée je crois !

L'inspectrice : - Vous pourriez la retirer.

Stéphane : - Vous êtes de la SPA ? Vous voulez que je la libère ?

L'inspectrice : - Non, non, surtout pas ! La mettre dans une autre pièce.

Stéphane : - Je vais aller la noyer tout de suite dans l'évier.

> *Il ramasse la cage et va dans la cuisine où il fait couler de l'eau tandis que l'inspectrice observe avec surprise et dégoût, s'essuie la veste.*
> *Retour de Stéphane.*

L'inspectrice, *avance vers la petite table* : - Ha ! (*de nouveau elle recule… Elle a vu les deux trappes, les deux souris mortes*)

Stéphane, *s'avance* : - Celles-là, inutile de les noyer !… Si j'avais dix trappes, je crois que chaque matin elles seraient pleines. Mais je préfère les mettre dans la chambre (*silence*).

L'inspectrice : - Vous êtes donc au régime…

Stéphane : - Non. Si ça vous dérange pas il faut que je déjeune.

L'inspectrice le fixe comme on doit fixer un martien ou, plus courant, un idiot.

L'inspectrice : - Vous êtes donc au régime de la déclaration contrôlée… Je suppose que vous avez préparé vos justificatifs de… Dépenses recettes.

Stéphane : - Oui, tout est là (*il montre un carton sur la table*).

L'inspectrice : - Je peux m'asseoir ?

Stéphane : - Bien sûr…

> *Stéphane retire les feuilles devant le carton et les pose un peu plus loin, ainsi l'inspectrice a juste une place pour s'asseoir, le restant du canapé étant couvert de papiers, cartons, chemises trouées…*

L'inspectrice : - Vous vivez seul ?

Stéphane : - Célibataire sûrement sans enfant à charge.

L'inspectrice : - Sûrement ?

Stéphane : - J'ai débuté mon activité sexuelle avant les messages préventifs contre le sida et… Enfin je ne vais pas vous raconter ma jeunesse. Vous ne travaillez pas pour *Voici !*

> *L'inspectrice ouvre le carton, sort les premiers papiers, Stéphane va chercher du lait, en verse dans une casserole.*

Stéphane : - Vous voulez un bol de lait ?

L'inspectrice, *le fixe de nouveau* : - Non merci.

Stéphane : - Même avec du chocolat dedans ?… Vous avez de la chance, y'avait du Poulain remboursé, c'est pas tous les jours que les achats remboursés sont de qualité.

L'inspectrice : - Vous pourriez m'indiquer où se situent vos déclarations.

Stéphane : - Je suis certain qu'elles sont dans… (*il craque une allumette et allume le gaz*) Ah… (*il sourit*)

Avant ça m'inquiétait mais j'ai lu que c'est normal chez les humains du sexe mâle, de pouvoir faire qu'une chose à la fois, alors que les humains de sexe femelle peuvent faire trente-six choses à la fois (*l'inspectrice le fixe, se demandant sûrement le rapport avec sa question*)... Je suis certain qu'elles sont dans le carton, carton, c'est le mot qui m'échappait... Je suppose donc que ça ne vous arrive jamais de ne plus trouver le terme exact en allumant le gaz ?

L'inspectrice, *hésitant à répondre* : - J'ai une cuisinière électrique.

Stéphane : - Si un jour j'en ai les moyens, j'en achèterai une... Ça paye mieux qu'auteur de chansons, chef du contentieux.

L'inspectrice : - Inspecteur des impôts.

Stéphane : - Ah, c'est pas un mot différent pour qualifier la même fonction ?... Un... Synonyme ?

L'inspectrice : - Nous en étions donc à vos déclarations.

Stéphane : - Je suppose que vous avez les doubles.

L'inspectrice : - Certes...

> Bruit : *un pied glissant contre le plancher du grenier. L'inspectrice s'arrête, relève la tête, regarde Stéphane qui surveille le lait sans la moindre réaction.*

L'inspectrice : - Certes... Mais je suppose qu'à l'intérieur de vos déclarations je trouverai le détail de vos... Dépenses recettes.

Stéphane : - Tout y est... Il m'a fallu huit jours pour tout retrouver. Mais tout y est !

> Bruit : *un morceau de bois claqué contre le plancher du grenier. L'inspectrice sursaute, laisse échapper « hein ! » Stéphane reste impassible.*

Stéphane : - Vous voulez un bol de lait ?

L'inspectrice : - Vous êtes sûr que (*elle regarde au-dessus de lui*) le plafond est solide ?

Stéphane : - Dans la grande pièce, des tuiles se sont envolées avec la tempête. Mais le voisin m'a aidé, et il tombe plus que quelques gouttes. J'ai mis un seau dans le grenier et ça va. Ici au-dessus, j'y suis monté, à voir ça tient. Vous aussi, vous avez eu des dégâts avec la tempête ?

Un nouveau bruit.

L'inspectrice : - Vous avez entendu ?

Stéphane : - Ah !… Les copines…

L'inspectrice : - Vous hébergez des amies dans votre grenier ?

Stéphane : - Les copines… Oh c'est pas des travailleuses clandestines !… (*Stéphane sourit*) C'est une déformation professionnelle… Ça m'arrive aussi, quand il se passe quelque chose, j'essaye d'en faire une chanson… Les copines, c'est comme ça que j'appelle les souris… Le matin on dirait qu'elles ont besoin de se dégourdir les pattes… C'est rare qu'il y ait du grain empoisonné remboursé… Vous aussi vous êtes embêté avec les souris ?

L'inspectrice : - Je vis en ville. Mais je croyais que les souris dormaient le jour.

Stéphane : - Je suis certain qu'il y a plusieurs tribus. Certaines s'agitent la nuit pour m'empêcher de dormir, d'autres le jour pour m'empêcher d'écrire… Parfois, je me dis qu'elles sont payées par la sacem, ces garces… (*L'inspectrice le fixe de nouveau*) Ces garces, c'est les souris de la journée… Ou alors elles voudraient que je leur laisse la maison. Mais je ne céderai pas… Oh putain !

(*Stéphane souffle en direction du lait et soulève la casserole*) Oh putain, on discutaille on discutaille et peu à dire le pinard caillé se sauvait… J'aurais pas voulu vous mettre ce drame sur la conscience… (*Stéphane arrête le gaz*)

Nouveau bruit.

L'inspectrice : - Vous êtes certain que des souris peuvent se rendre coupables d'un tel bruit ?

Stéphane : - J'en doutais aussi au début. Certains ont prétendu que j'avais acheté une maison hantée.

L'inspectrice se redresse, effrayée.

Stéphane : - Alors j'ai phantasmé sur ce grenier, persuadé d'avoir touché le gros lot, persuadé qu'y logeaient des succubes, persuadé qu'une nuit j'aurais une agréable surprise. (*passent dans les yeux de l'inspectrice des sentiments difficiles à traduire ; ignore-t-elle la signification du terme succube ? A-t-elle regardé trop de films d'horreur ?*) Mais comme rien n'arrivait, je suis monté au grenier.

L'inspectrice, *tombe dans le jeu du silence de Stéphane et lâche un* : - Et ?

Stéphane : - Devinez comment la réalité m'a alors piteusement renvoyé à mon triste sort ? Malheureusement, aucune diablesse ne viendra égayer mes nuits. (*Se voulant lyrique :*) Aucune diablesse ne viendra égayer les nuits d'un écrivain maudit, jamais, ni succube ni fée, pour me sauver du marasme aussi sentimental. (*Silence*) Le grenier est envahi de crottes de souris. Finalement, j'y crois pas aux fantômes… Ou alors dans les châteaux ! Vous croyez, vous, qu'ils passeraient des siècles dans une vieille baraque alors qu'ils peuvent se loger gratos dans un palace ? Vous ne croyez pas ?

L'inspectrice : - C'est un raisonnement logique.

Stéphane : - Si j'en croise un je lui donnerai votre adresse !

Nouveau bruit. Stéphane se lève comme si de rien n'était, va chercher un bol.

Stéphane : - Vous dérangez pas, je vous laisse la table, je vais déjeuner ici… J'ai l'habitude.

Il prend la casserole de la main gauche, donne un coup de coude dans le couvercle de la gazinière… (un bruit donc assez proche de celui du grenier… L'inspectrice sursaute)

Stéphane : - Vous inquiétez pas… Je n'ai que deux bras. Pas vous ?

Il pose le bol, verse le lait, pose la casserole, va chercher du pain, du beurre, de la pâte à tartiner premier prix, déjeune…

L'inspectrice feuillette les papiers… Quelques bruits dans le grenier le font toujours redresser la tête.

L'inspectrice : - Pourquoi vos… dépenses – recettes ne sont pas classées ?

Stéphane, *sourit* : - Je pouvais quand même pas imaginer qu'un jour un inspecteur, ou une inspectrice, préférerait passer sa journée à vérifier mes additions, plutôt que de s'attaquer aux fraudeurs… Les artisans qui se déplacent uniquement s'ils sont payés au noir, les bouchers, les charcutiers, les agriculteurs, les pharmaciens qui revendent les médicaments qu'on leur rapporte normalement pour les pays pauvres.

L'inspectrice : - Vous avez réglé en liquide un artisan ?

Stéphane : - Vous croyez que j'ai les moyens de faire des travaux ?… *(en souriant :)* Je n'ai pas votre paye !

L'inspectrice a un très léger sourire et replonge dans les papiers. Stéphane termine son déjeuner... L'inspectrice ouvre sa sacoche, en sort une photocopie.

L'inspectrice : - J'ai ici un article. Je suppose que vous le connaissez.

Stéphane : - On me l'a montré. La photo était plutôt réussie, vous trouvez pas ? Je suppose que vous avez compris !

L'inspectrice : - Qu'y a-t-il à comprendre ?

Stéphane : - Oh, comme vous êtes tenu au secret professionnel, je peux vous l'avouer : j'ai fait comme tout le monde.

L'inspectrice : - Pourriez-vous être plus clair ?

Stéphane : - Ça vous intéresse vraiment les grandeurs et misères des artistes ?

L'inspectrice : - J'étudie sans a priori les dossiers, et pour cela je dois connaître votre position.

Stéphane : - Alors vous devez savoir que les artistes qui n'ont pas les moyens de se payer de la chirurgie esthétique, donnent aux journalistes une ancienne photo, qui plus est retouchée.

L'inspectrice : - La photo n'est pas l'essentiel pour moi. Vous y déclarez avoir vendu mille huit cents exemplaires de votre dernier ouvrage.

Stéphane : - C'est déjà bien, vous trouvez pas ? Les romans se vendent en moyenne à 600 exemplaires.

L'inspectrice : - Mais quand je multiplie mille huit cents par le prix de vente, j'obtiens des recettes nettement supérieures à vos déclarations.

Stéphane, *éclate de rire* : - Vous êtes sérieuse !

L'inspectrice : - Ai-je l'air de plaisanter ?

Stéphane : - Donc des gens avec votre salaire lisent ce torchon… Et en plus le croient !

L'inspectrice : - Ce sont bien vos déclarations ? Sinon vous auriez exigé un démenti.

Stéphane : - Et vous croyez quand même pas qu'un éditeur va communiquer aux journalistes ses véritables chiffres !

L'inspectrice : - Si vous mentez aux journalistes, je n'ai pas de raison de croire que vous agissiez différemment envers le centre des impôts ?

Stéphane : - Et si demain le journaliste vous demande à quoi vous passez votre temps, vous allez lui raconter : à vérifier si les informations qu'il publie dans son canard sont conformes aux déclarations fiscales ?

L'inspectrice : - De part ma profession, je suis tenu au secret professionnel.

Stéphane : - De part ma profession, je suis tenu au baratin professionnel. Vous ne croyez quand même pas Gallimard ou Fayard et leurs publicités 300 000 exemplaires vendus un mois après la sortie d'un roman !

L'inspectrice : - Ces contribuables ne figurent pas dans notre circonscription fiscale.

Stéphane : - Je suis le seul éditeur de votre circonscription ?

L'inspectrice : - Vous déclarez dans cet article être « *le premier auteur éditeur professionnel de la région* », et je ne suis pas tenu de vous signaler si l'ensemble des représentants de votre profession sont vérifiés.

Stéphane : - Alors vous avez de la chance… Vous venez de découvrir qu'un éditeur considère les journalistes comme de simples relais commerciaux ! Vous n'avez jamais vu le bandeau best-seller sur des livres dont on annonce simplement la sortie pour le mois suivant ?

L'inspectrice : - Monsieur Ternoise, puis-je voir votre stock ?

Stéphane : - Pas de problème... C'est dans la grande pièce... Vous avez un bonnet ?

L'inspectrice : - Je vous suis.

Stéphane prend un vieux manteau délabré, le passe au-dessus de son peignoir...

L'inspectrice, *qui veut faire de l'humour* : - J'ai des difficultés à envisager qu'il puisse faire plus froid qu'ici.

Stéphane : - La grande pièce est située au Nord. Pour vous ce n'est pas grave... En cas de maladie vous avez droit aux congés payés.

Ils sortent. Bruits de pas dans le grenier. Puis conversation.

Nathalie : - Pendant ce temps-là, les petites souris se dégourdissement les pattes. Et les bras, et les bras (*sur l'air d'Alouette*), et le cou, et le cou, et les seins et les seins.

Aurélie : - Oh !

Nathalie : - T'aimes pas qu'on te caresse les seins.

Aurélie : - Je préfère que ce soit Stéph.

Nathalie : - Ne sois pas désagréable ! C'est simplement qu'avec Stéph tu es nue. Veinarde !

Aurélie : - Mais je suis ta sœur ! Qu'est-ce que tu fais !

Nathalie : - Je passe doucement mes doigts sous ton gros pull et ton petit tee-shirt. Tu te souviens, quand on dormait dans le même lit ?

Aurélie : - Arrête !

Nathalie : - Chut, j'entends des pas, les gladiateurs reviennent.

Aurélie : - Arrête !

L'inspectrice, *en rentrant* : - Vous prétendez que mentir aux journalistes est fréquent dans votre profession.

Stéphane : - Vous pouvez vérifier. Le tirage de mon dernier roman est de 1024 exemplaires. Comment voulez-vous qu'en tirant à 1024 je puisse avoir vendu 1800. En plus vous avez bien constaté qu'il m'en reste plus de 25 !

L'inspectrice : - Mais c'est un mensonge ! Je ne comprends pas ! Pourquoi vous proclamez-vous « *premier auteur-éditeur professionnel de la région* » ? Alors que vous ne vendez presque rien et vivez du Rmi ?

Stéphane : - Pour qu'un livre se vende, il faut d'abord faire croire qu'il se vend. Les écrivains n'y peuvent rien, les lecteurs sont comme ça, ils nous regardent uniquement si on les a persuadés que leur voisin nous a lu. Il faut qu'inconsciemment ils se sentent coupables de ne pas nous avoir lu… Vous, par exemple.

L'inspectrice : - Moi ?

Stéphane : - Oui, vous, au volant de votre voiture, vous pensiez « ça doit être intéressant ce qu'il écrit, quelle chance j'ai, je vais rencontrer un grand écrivain. » *(silence)* Vous aviez même décidé d'acheter un de mes livres. Et maintenant ?

L'inspectrice : - Désolé de vous décevoir mais avec ma charge de travail, je n'ai pas le temps de lire au-delà des lectures professionnelles.

Stéphane : - Vous n'achetez jamais de livre !

L'inspectrice : - Euh… Parfois pour offrir.

Stéphane, *désabusé* : - C'est le problème. Les gens intéressés par mes livres sont jeunes et sans un sou, et les friqués s'en foutent de la littérature. Qui plus est, quand vous achetez un livre, vous prenez celui dont « on », le « on » de la manipulation médiatique, dont on dit « c'est intéressant ». Et votre ami vous dira merci, il placera ce

46

livre dans sa bibliothèque et jamais ne l'ouvrira. Mais vous aurez l'impression de réaliser un cadeau original et lui aussi sera satisfait, parce qu'il pensera que vous le considérez comme un lecteur, donc comme une personne intelligente... C'est foutu, la littérature...

L'inspectrice : - Nous sommes ici pour évoquer votre comptabilité.

Stéphane, *encore plus désabusé* : - Si mes explications vous emmerdent, je vais me recoucher.

Enorme bruit : comme si deux personnes se roulaient par terre dans le grenier. L'inspectrice dresse la tête.

L'inspectrice : - Et cela ne vous inquiète pas ?

Stéphane : - Oh vous savez, vous faites votre métier, mais vous pouvez passer trois jours dans ma comptabilité, si vous trouvez une erreur, elle sera même pas de 17 euros, alors pourquoi je m'inquiéterais, erreur ou pas erreur de 14 euros, de toute manière je suis loin d'être imposable.

L'inspectrice : - Je parlais des bruits étranges dans votre grenier.

Stéphane : - Vous croyez que j'ai les moyens de faire venir la compagnie de défantomisation ?

L'inspectrice a un sourire crispé.

Stéphane : - Vous vous y connaissez en fantômes ?... Vous croyez que c'est dangereux ?

L'inspectrice, *qui se frotte les mains* : - Vous ne chauffez jamais ?

Stéphane : - Y'a des gens qui dorment dehors à moins dix, mon grand-père a passé un hiver dans les tranchées, vous croyez qu'il jouait les chochottes ? Quand on a la chance d'avoir un toit, on doit déjà se considérer bien heureux, on baisse la tête, on ferme sa gueule et on attend le printemps, et ça n'empêche pas d'être heureux... C'est en soi qu'on trouve l'essentiel... Vous ne croyez pas ?

L'inspectrice : - Certes mais... Je vais terminer de consulter votre... Comptabilité.

L'inspectrice se rassied et feuillette.

L'inspectrice : - Haaa ! (*elle bondit hors du canapé*)

Stéphane : - Vous avez eu une vision ?

L'inspectrice ne peut plus parler, montre la table.

Stéphane : - Qu'est-ce qui se passe ?... Vous avez eu une vision ?... Votre mari avec la factrice ?

L'inspectrice, *continue à montrer la table et réussit à articuler* - Du sang !

Stéphane : - Votre mari perd son sang ?

L'inspectrice, *respire profondément* : - Du sang est tombé sur les feuilles.

Stéphane : - Le sang de votre mari est tombé sur les feuilles ?... Dans votre jardin ?

L'inspectrice, *montrant le plafond* : - Du plafond, sur vos feuilles.

Stéphane, *s'avance vers la table, prend une feuille* : - Vous êtes certain que ça n'y était pas avant ?

L'inspectrice : - Je l'ai vu tomber... C'est du sang frais.

Stéphane, *bascule la feuille* : - Ah oui ! Il bouge sur la feuille... Vous ne vous seriez pas coupé... Ça arrive souvent avec des feuilles...

L'inspectrice, *qui se regarde quand même les mains* : - Le sang est tombé du plafond.

Stéphane : - C'est pas possible !... Les fantômes ne perdent pas de sang.

48

L'inspectrice se rapproche de la table en regardant le plafond puis la feuille que Stéphane tient en main.

L'inspectrice : - C'est bien du sang.

Stéphane : - Oh putain ! Vous croyez que ça vient du plafond… Alors tout s'explique.

L'inspectrice : - Tout s'explique ?

Stéphane : - Oui, une fois j'avais laissé un bouquin ouvert sur la table et le lendemain il y avait une grosse tache rouge dessus. C'était un bouquin de la bibliothèque, *les ombres errantes*, de Pascal Guignard, je me suis demandé comment j'avais fait la veille pour ne pas la voir… Donc y'a aussi du sang qui tombe du plafond… Ce s'rait mieux si c'était de l'or.

L'inspectrice : - Je crois qu'il vous faudrait prévenir les services sanitaires.

Stéphane : - Vous croyez qu'à la mairie, ils ont un service de défantomisation ?…

L'inspectrice tremble.

Stéphane : - Le notaire me répondrait avec son petit air de vipère, « vous ne pouvez pas dire que je vous ai caché que votre maison est située près du cimetière »… Pour comprendre ma réflexion, il faut savoir que ce notable de campagne n'a pas jugé opportun de me signaler qu'un projet de ligne à Très Haute Tension était dans les cartons, une ligne à Très Haute Tension qui doit passer à même pas cinq cents mètres d'ici… Plutôt que de chercher des poux chez les honnêtes citoyens, vous feriez bien de vérifier les dépenses recettes des notaires… Parce qu'il m'a demandé du fric en liquide, ce blaireau. J'ai bien sûr refusé, je vous le dis tout de suite. Mais d'autres doivent se laisser dépouiller.

Silence. L'inspectrice est comme tétanisée. Elle continue à regarder le plafond. Stéphane, derrière lui, sourit. Il tire sur une ficelle derrière le canapé. Et on entend le « clic » d'une trappe à souris. L'inspectrice sursaute, se retourne.

Stéphane : - Ah ! Ça doit être une bonne nouvelle.

Il contourne le canapé, se baisse et brandit une trappe avec une souris morte.

Stéphane : - Toujours une qui n'ira pas se réfugier dans votre poche.
L'inspectrice frappe machinalement ses mains contre ses poches, puis s'essuie le front.

L'inspectrice : - Bon... Je crois avoir recueilli suffisamment d'informations...

Elle regarde discrètement dans sa sacoche, ne veut pas trop montrer qu'elle vérifie s'il n'y a pas de souris, regarde vers la table, regarde Stéphane.

L'inspectrice : - Je vous souhaite une bonne journée, monsieur. Je vous souhaite bon courage.
Stéphane : - Je vous souhaite un bon retour... C'est bon, donc, ma... Ma comptabilité.
L'inspectrice : - Vous recevrez une notification écrite.

L'inspectrice, à reculons, va vers la porte de la cuisine, qu'elle ouvre.

Stéphane : - Vous préférez sortir par la fenêtre de la cuisine ?
L'inspectrice : - Ce n'est pas la sortie ?
Stéphane : - Si vous préférez sortir par la fenêtre, ça ne pose pas de problème pour moi. Vous aviez l'option acrobaties au bac ?

L'inspectrice essaye de se repérer et avance vers la porte couloir / cave.

L'inspectrice : - Je vous souhaite une bonne journée.

Stéphane : - Je vais vous ouvrir la porte de la cave.

> *L'inspectrice sort, Stéphane le suit.*

Du grenier :

Nathalie, *doucement* : - Tu vois bien qu'il était nickel mon plan !

Aurélie : - Attends qu'elle ait démarré, on ne sait jamais.

> *Quelques instants. Stéphane rentre avec un radiateur, le branche.*

Aurélie : - On doit voir sa voiture par les trous à pigeons.

> *Elles courent dans le grenier.*

Nathalie : - Elle est blanche comme un linge ton inspectrice… Elle a du mal à respirer… Ah, elle vient de mettre sa bagnole de bourge en marche… En plus elle ose nous polluer, cette fonctionnaire.

Aurélie : - C'est bon, elle est partie.

Nathalie : - Remets l'échelle Stéph…

> *Stéphane va dans la cuisine, on l'entend poser une échelle, la trappe du grenier s'ouvre…*

Nathalie : - Cette fois je passe la première…

> *Bruit : un grand bond.*

Aurélie : - Mais tu es folle de sauter comme ça.

Nathalie : - C'est pour sauter dans les bras de Stéph, ma grande sœur adorée… Tu as été génial mon Stéph adoré !…

Aurélie : - Tenez l'échelle… Nat, je te permets pas de frotter tes seins contre la poitrine de Stéph…

Nathalie : - Regarde pas en bas, tu vas avoir le vertige !…
Aurélie : - Nat, tes seins !
Nathalie : - Mes seins… Après c'qu'on a fait là-haut… Je peux bien embrasser Stéph aussi sur la bouche (*on entend un bruyant baiser sur la bouche*).
Aurélie : - Mais défends-toi Stéph… Et tiens-moi l'échelle… Nat, ça t'avais pas le droit…

Un nouveau bruyant baiser.

Nathalie : - Bon, je te tiens l'échelle… À condition qu'on prenne une douche à trois.
Aurélie : - Jamais. Jamais !
Nathalie : - Viens Stéph, on va aller prendre une douche à deux… On va quand même retirer l'échelle, on ne sait jamais avec Aurel, la jalousie pourrait être plus forte que sa phobie !
Aurélie : - Nat, je te défends.
Nathalie : - Quoi, je suis couverte de toiles d'araignées, je peux bien prendre une douche.
Aurélie : - Stéph, tiens-moi l'échelle !
Nathalie : - Allez, décontracte-toi… Alors, tu en as envie aussi, d'une douche à trois ?
Aurélie : - Nat, arrête… Stéph, plutôt que de te laisser caresser, tiens-moi l'échelle… Il est temps… Nat arrête.
Nathalie : - J'aime bien te caresser les jambes, descends encore d'un barreau…
Aurélie : - Tu veux vraiment que je me casse la gueule.
Nathalie : - T'inquiète pas, on te récupérera dans nos bras, et on t'emmènera immédiatement sous la douche.
Aurélie : - Arrête Nat.
Nathalie : - Je n'y peux rien, comme tu es descendue d'un barreau, tu es juste à la hauteur… Encore un et...
Aurélie : - Mais Stéph, empêche-la.

Stéphane : - Vous avez fait quoi là-haut pour être dans cet état ?

Aurélie : - Ah non Nat !...

Nathalie : - Entre sœurs, une certaine tendresse est permise quand même...

Rideau

Acte 3

Idem acte 1 (sauf télévision), Stéphane lit, allongé dans le canapé... Entre... Nathalie !...
Elle tient dans la main droite une lettre (dès qu'elle ouvre la porte, Stéphane se retourne, la fixe d'Amour).

Scène 1

Nathalie : - Gloire à l'administration fiscale qui a changé notre vie !

Stéphane : - Mais maintenant que sa vie n'a pas été totalement inutile, qu'elle nous fiche la paix !

Nathalie : - Ne sois pas impatient ! (*Nathalie déchire l'enveloppe, sort la lettre à toute vitesse, la lit de même, et la jette en l'air tout en se précipitant sur Stéphane qui se lève*) Aucune charge retenue contre vous... mon Amour.

Ils se serrent.

Nathalie, *sourit et se sépare de Stéphane* : - Tu sais comme je suis...

Stéphane : - Presque !

Nathalie : - Je m'étais dit que s'ils nous laissaient tranquilles, c'était bon signe... Et dans le cas contraire que j'étais...

Stéphane, *sourit* : - Tu étais ?

Nathalie : - Une garce !

Stéphane : - Oh !

Nathalie : - Ce n'est pas tout !... S'ils nous laissaient tranquilles c'était bon signe... Et nous pouvions avoir un enfant cette année.

Stéphane : - Tu crois notre rythme de vie compatible avec un enfant.

Nathalie : - Quand nous serons trop occupés, sa marraine se fera un plaisir de le pouponner.

Stéphane : - Sa marraine... Tu veux dire ?

Nathalie : - Bin oui, Aurel... Je vais l'appeler pour lui annoncer... Lui annoncer... Oui, je ne t'ai pas encore tout avoué... Comme ils tardaient à nous écrire, ça signifiait que tout allait bien... Donc j'ai devancé la bonne nouvelle... J'ai arrêté la pilule y'a sept semaines.

Stéphane : - Tu ?

Nathalie : - Ça fait un moment que faire l'amour dans la baignoire, ce n'était plus par obligation.

Stéphane : - Tu sais bien que je mélange les jours et les semaines. Tu veux dire... (*il pose sa main droite sur le ventre de Nathalie*)

Nathalie : - On va avoir un bébé.

Stéphane serre Nathalie dans ses bras.

Nathalie : - Tu trouves pas que tu exagères... Je m'empresse de résumer avant toi !

Stéphane : - Tu crois qu'Aurélie va être ravie, sera d'accord pour être marraine ?

Nathalie : - C'est ma frangine. Et je la connais même mieux que toi... Tu vois... Elle doit attendre mon appel. Elle va me demander ce que je deviens depuis le temps, où j'étais passée pour la laisser sans nouvelles.

Stéphane : - Bon, je veux bien croire qu'elle ne t'en veuille plus mais...

Nathalie : - Et toi, tu veux dire ?

Stéphane : - Bin oui, faudrait quand même que la marraine de notre enfant ne me morde pas dès qu'elle me verra...

Nathalie : - Au contraire !...

Stéphane : - Au contraire ?...

Nathalie : - Ou plutôt ça risque d'arriver.

Stéphane : - Qu'elle me morde !

Nathalie : - C'est c'qui m'embête… Mais je n'ai pas le choix… Elle risque de te laisser de tendres morsures…

Stéphane : - Oh !

Nathalie : - Bin oui, je lui ai piqué son mec. Dans notre langage ça fait 2-1.

Stéphane : - C'est quoi de votre score footballistique !

Nathalie : - Donc Aurel ne t'a jamais raconté !

Stéphane : - Alors ce n'était pas la première fois !

Nathalie : - La première fois, ça n'avait rien de comparable avec nous, c'était juste pour rire. Et finalement elle a été bien contente que je la débarrasse… Mais dès que je suis sortie avec un autre mec, il ne lui a pas fallu huit jours pour égaliser. Donc je sais que même si pour elle comme pour moi ça n'a rien à voir…

Stéphane : - Je crois plutôt qu'elle m'en veut.

Nathalie : - Je sais qu'elle te veut.

Stéphane : - Je t'ai déjà dit.

Nathalie : - Je sais… Et Aurel aussi… Mais ça ne change rien, elle va essayer de te récupérer.

Stéphane : - Oh ! Tu crois que je pourrais…

Nathalie : - Qui pourrait résister à Aurel quand elle veut quelque chose !

Stéphane : - Qui pourrait résister à Nathalie quand elle veut quelque chose !… C'est bien ce qu'elle avait conclu… Avant de m'envoyer cette gifle que je sens encore (*il se touche la joue*). Tu n'as pas confiance en moi ?

Nathalie : - Oh si !

Stéphane : - Alors ! En plus nous allons avoir un enfant !

Nathalie : - Elle va essayer d'être ton amante !

Stéphane : - Oh !

Nathalie : - Le jour où nous devrons arrêter de faire l'amour.

Stéphane : - Oh !

Nathalie : - Elle a plusieurs solutions.

Stéphane : - Tu as déjà réfléchi à tout ça !

Nathalie : - N'oublie pas qu'en plus d'être la plus grande artiste peintre du... J'allais dire du pays... Bon, du Quercy, un jour je serai auteur de théâtre.

Stéphane : - Alors Aurélie sur ça avait raison ! Nous sommes tes cobayes !

Nathalie : - Mais je suis aussi mon propre cobaye. Et tout le monde ferait bien d'en faire autant, d'utiliser son vécu pour le transcender en art. C'est la seule manière de le sauver du néant.

Stéphane : - Tu es vraiment la dernière Proustienne.

Nathalie, *récite* : - *La vraie vie, la vie enfin découverte et éclaircie, par conséquent la seule vie réellement vécue, c'est la littérature.*

Stéphane : - Et si j'ai bien suivi, dans cinq minutes tu téléphones à Aurélie...

Nathalie : - Et dans une heure elle débarque ici !

Stéphane : - Et elle arrivera avec un moral d'enfer pour essayer d'égaliser dans votre grand jeu !

Nathalie : - Ça va bien plus loin que ça.

Stéphane : - C'est à dire ?

Nathalie : - Elle t'aime encore.

Stéphane : - Là tu exagères.

Nathalie : - On verra... Mais...

Scène 2

Les mêmes

Nathalie, *va au téléphone* : - Je ne peux pas faire autrement que de l'appeler... Tu préfères que je ne l'appelle pas ?

Stéphane : - Peut-être que oui.

Nathalie : - Mais c'est impossible. Je crois que ça devient invivable pour elle comme pour moi de ne plus se voir... Et comme je t'aime... Je suis même prête à comprendre qu'un jour elle devienne ton amante.

Stéphane : - Oh !

Nathalie : - Je serai au courant. Je devinerai. Mais... Enfin, on verra... De toute manière je n'oublierai pas que c'est moi qui ai fait revenir ainsi ma... concurrente.

Stéphane : - Ou alors, tu veux te prouver que jamais elle n'égalisera !

Nathalie, *en souriant* : - Alors maintenant monsieur le magouilleur amateur essaye de me deviner !... Bon j'appelle...

> *Nathalie décroche l'appareil, pianote les dix numéros... et attend.*

Nathalie : - Aurel !

Nathalie : - Comment je sais quoi ?

Nathalie : - Qu'est-ce qui t'arrive ?

Nathalie : - Oh zut ! Tu aurais pu appeler !

Nathalie : - Et tu vas faire quoi ?

Nathalie : - Quoi ! À la rue ! Jamais !

Nathalie : - Tu vas venir ici quelques jours avant de retrouver quelque chose.

Nathalie : - Mais si, Stéph est d'accord.

Nathalie, *à Stéphane* : - Son téléphone est coupé demain, elle est à la rue lundi, elle n'a plus un centime, virée du Rmi, et elle ne veut pas venir ici quelques jours. Elle ose prétendre que tu ne voudras jamais ! Tiens, dis-lui.

Stéphane prend l'appareil.

Stéphane : - Aurélie…

Stéphane : - Tu me prends pour un grand méchant loup alors… En plus Nathalie avait quelque chose d'important à t'apprendre.

Stéphane : - Je t'invite aussi quelques jours…

Stéphane : - Nathalie va te le dire.

Stéphane redonne l'appareil à Nathalie.

Nathalie : - Je suis enceinte.

Nathalie : - Tu es toujours là ?

Nathalie : - Tu veux bien être la marraine à gâteaux ?

Nathalie : - On va venir te chercher...

Nathalie : - T'es sûre... Bon, à tout de suite…

Nathalie raccroche.

Nathalie : - Elle arrive en stop. Elle n'a plus qu'un sac de sport ! (*silence*) Picasso ! Jamais j'aurais cru qu'elle puisse tomber comme ça ! Picasso ! Même virée du Rmi ! Elle t'aime donc autant que je t'aime !

Stéphane : - Dire que durant des années j'ai vécu seul, en

pensant qu'aucune femme ne pourrait supporter cette vie d'écrivain sûrement un peu trop lucide, de campagnard même pas milliardaire américain.

Nathalie : - Ton cœur balance déjà ?

Stéphane, *va vers Nathalie, la prend dans ses bras* : - C'est une vraie question ou c'est juste… Pour si un jour tu en fais une pièce de théâtre ?

Nathalie : - Mais là je suis dépassée ! J'aurais jamais pu imaginer qu'un jour j'inviterais l'ancienne amie de l'homme que j'aime à venir partager nos quelques mètres carrés. Même si cette ancienne amie est ma sœur adorée !… Tu crois que notre couple peut résister à un pareil cyclone ?

Stéphane : - Aurélie t'appelait souvent Nat le cyclone.

Nathalie : - Les sœurs cyclones. Cyclothymiques aussi.

Stéphane : - Donc mon avenir est d'être naufragé !

Scène 3

Les mêmes plus Aurélie

On frappe à la porte.

Nathalie : - Déjà !

Stéphane : - C'est pas possible.

Aurélie apparaît à la fenêtre. Nathalie va ouvrir ; les deux sœurs tombent dans les bras l'une de l'autre.

Nathalie : - Comment as-tu fait pour arriver aussi vite ?

Aurélie : - Imagine sur qui je suis tombée au rond-point ? Not... Votre voisin ! Mais je n'ai rien dit pour...

Aurélie pose une main sur le ventre de sa sœur.

Nathalie : - Il est trop tôt pour l'entendre.

Aurélie se tourne vers Stéphane.

Aurélie, *dont la voix tremble légèrement* : - Bonjour monsieur. (*elle sourit*) Bonjour Stéphane.

Stéphane : - Bonjour Aurélie.

Nathalie les regarde, interrogative. Aurélie se tourne vers elle :

Aurélie : - Vous l'avez fait exprès ou tu as oublié ta pilule ?

Nathalie, *vexée* : - Je n'ai jamais joué à la roulette russe avec ma vie... (*posément :)* Tu nous racontes tes aventures ?

Aurélie : - Aurélie, trente ans et des poussières, sans domicile fixe, sans illusion, sans passion, sans présent, sans avenir, punkitude totale, tendance Cioran.

Nathalie : - Et tes tableaux, ton chevalet ?

Aurélie : - J'ai hésité entre le mont de piété et... Et j'ai tout cassé. Je ne suis pas peintre, il n'y a qu'un artiste par génération dans la famille... J'ai hérité de la mère et toi du père... Je suis looser, parano, mauvais karma, détraquée, héritière des tares accumulées par des générations d'ivrognes, de schizophrènes, d'hystériques. Bon, je vous préviens, zéro niveau moral, ces jours-ci...

Nathalie : - J'ai ce qu'il te faut...

Nathalie va dans la cuisine et revient avec une bouteille de rosé et trois verres. Elle les pose sur la table, et verse. Durant son absence, Aurélie et Stéphane n'osent pas se parler, détournent les yeux et se lancent quelques regards...

Nathalie : - Allez...

Aurélie et Stéphane s'approchent de la table.

Aurélie : - Balancez-moi dans un foyer ou sous un pont. Ce s'rait sûrement mieux

Nathalie : - Dis pas de conneries... Allez, à ton grand rôle de marraine à gâteaux...

Ils trinquent debout. Nathalie et Stéphane boivent une gorgée. Aurélie vide son verre cul sec. Nathalie lui en ressert un immédiatement. Vidé de nouveau cul sec.

Aurélie : - Prendre une cuite et dormir, c'est peut-être ce que j'ai de mieux à faire... Je suppose que vous n'avez pas vraiment eu le temps de faire des travaux... Je dormirai dans le canapé.

Aurélie vide un troisième verre.

Aurélie : - Vous avez du stock ?

Nathalie : - Stéph m'a formé aux réclamations, c'est ma première réussite viticole de magouilleuse amateur : quatre cartons reçus hier matin.

Rideau

Acte 4

Stéphane, Nathalie, Aurélie

Environ un an plus tard. Décor identique à l'acte précédent. Stéphane dans le canapé. Il pose son livre. Et pense à voix haute, en souriant :

Stéphane : - Un contrôle fiscal ! Je n'aurais jamais pu croire qu'un contrôle fiscal bouleverserait autant ma vie !

Entre Nathalie.

Nathalie : - En plus tu parles seul maintenant !
Stéphane : - Je pensais à ce qui vient de nous arriver… (*souriant*) C'est vrai, finalement, on devrait peut-être en faire une pièce de théâtre de notre vie !
Nathalie, *montre une lettre* : - Et y'à une suite !
Stéphane : - Peut-être qu'elle s'est décidée à m'acheter un livre.
Nathalie : - Tu attends ce soir avant d'ouvrir… (*elle s'approche très câline*)
Stéphane : - Ouvre quand même !
Nathalie, *ouvre, devient blême, se tient au canapé* : - Oh misère !
Stéphane : - Quoi ?
Nathalie, *lit d'une voix mécanique* : - Il apparaît après enquête de voisinage et diverses écoutes téléphoniques, deux points à la ligne, un tiret, les sœurs Kelly, officiellement hébergées à titre gratuit, sont vos concubines et perçoivent indûment le RMI ainsi que l'allocation parents isolés pour des enfants dont tous les indices concordent pour vous en attribuer la paternité.
En conséquence de quoi, et après concertation avec le

64

Conseil Général, nous nous réservons le droit de déposer plainte auprès du Tribunal de Grand Instance de Cahors pour extorsion d'avantages sociaux indus et polygamie contraire à la législation, ceci dans le cas où vous ne régulariseriez pas votre dossier sous trente jours par le remboursement des sommes trop perçues, soit

Nathalie s'évanouie.

Stéphane, *bondit et hurle* : - Aurélie !

Stéphane essaye de réanimer Nathalie, Aurélie arrive.

Aurélie : - Dis pas que Nat s'est évanouie… C'est pas possible !

Stéphane ramasse la lettre et la lui tend, tout en essayant de réanimer Nathalie par des gestes désordonnés.

Stéphane, *affolé* : - Aide-moi plutôt, tu liras plus tard.

Aurélie, *en souriant* : - Essaye le bouche à bouche, je suis certaine qu'elle va adorer.

Stéphane, *la regarde* : - Et ça te fait rire !

Aurélie : - Viens, on va faire l'Amour, on s'occupera de son cas plus tard !

Stéphane : - Qu'est-ce qui te prend ?

Aurélie : - Bin quoi ! Tant que Nat est évanouie, je peux en profiter quand même !

Stéphane : - Arrête, c'est grave, elle réagit plus (*Stéphane continue à la remuer*).

Aurélie se baisse et… gifle doucement sa sœur… qui ne réagit pas. Elle la pince. Aucune réaction.

Aurélie : - Merde ! Je ne me serais quand même pas trompée ?

Stéphane : - Trompée ?

Aurélie : - Cette lettre, c'est une lettre de Nathalie.

Stéphane : - Pas possible. J'vois vraiment pas pourquoi elle aurait fait ça. Aide-moi, plutôt que de dire n'importe quoi... T'as pas fait secouriste ?

Aurélie : - Quatre heures ! Et il y'a deux minutes, j'en aurais mis mes seins à couper. Elle réagit pas quand je la pince !... J'ai trouvé !

Stéphane : - Quoi ?

Aurélie : - J'ai trouvé ! Les chatouilles sous les pieds.

Nathalie se redresse en bousculant Stéphane toujours agité près d'elle.

Nathalie, *en riant* : - Non, pas les guilis !

Aurélie : - Nat, tu peux te jouer de Stéph… Mais pas de ta grande sœur adorée.

Nathalie : - J'ai fait quoi comme erreur ?

Aurélie : - Aucune !

Nathalie : - Alors ?

Aurélie : - Je savais bien qu'un jour tu t'amuserais à ça !

Stéphane : - Et vous croyez qu'un mec peut survivre ainsi avec deux femmes et deux enfants !

On entend un enfant pleurer.

Aurélie : - Je suis certaine que c'est le cri « pas les guilis » qui l'a réveillée. Allez Stéph… C'est une de tes filles !

Stéphane sort.

Aurélie : - Alors, pourquoi tu as joué à ça ?

Nathalie : - Je n'arrivais pas à trouver une chute originale pour ma pièce de théâtre.

Aurélie : - Alors, c'est ça que tu écris !

Nathalie : - Je voulais vous en faire la surprise !

Aurélie : - Arrête, tu ne peux pas écrire notre vie. On va avoir tout le monde sur le dos, le fisc, le Conseil Général, des ligues nous accuseront d'incitation à la polygamie, un ministre voudra nous exclure de la nationalité française puisque nous n'avons pas de légion d'honneur à rendre et nos relations sont légèrement…

Nathalie : - Quoi légèrement ! Entre adultes consentants ! Où est le problème ?… Et en plus… Je peins depuis quinze ans et j'ai vendu un tableau, encore, parce que le vieux roudoudou espérait qu'une nuit soit comprise ! Alors on touchera le minimum vieillesse avant qu'elle soit jouée, cette pièce.

Aurélie : - Et tu penses que ça ferait une bonne chute, ta tirade sur l'environnement de notre combat contre une société étriquée et a-culturelle ?

Nathalie : - Une bonne chute… Quelque chose dont tout le monde se souviendra…

Aurélie : - Tu as une meilleure idée ?

Nathalie sourit, elle gifle sa sœur.

Nathalie : - Un partout !

Rideau - Fin.

Contrôle fiscal, la pièce de théâtre

Version 2

Comédie contemporaine en quatre actes

Distribution : deux femmes, deux hommes

Aurélie, la trentaine, compagne de Stéphane, artiste peintre, bénéficiaire du Rmi.

Nathalie, sœur cadette d'Aurélie, 25 ans, artiste peintre, poète, actrice.

Stéphane Ternoise, la trentaine, officiellement travailleur indépendant, activité auteur-éditeur. S'arrange pour atteindre chaque année un résultat insignifiant, ainsi bénéficier du Rmi.

Christian Dupneu, la cinquantaine, inspecteur des impôts.

Située dans la région de Cahors, cette pièce peur aisément être adaptée avec une autre ville de la France métropolitaine. Il suffit de changer quelques noms.

L'utilisation de Stéphane Ternoise comme personnage est naturellement un jeu de l'auteur.

Les personnages peuvent avoir une dizaine d'années supplémentaires en modifiant quelques répliques sur l'âge (naturellement, même au vingt-et-unième siècle, des acteurs plus âgés peuvent toujours tenir ces rôles sans modification du texte)

Contrôles sur place
7 milliards d'euros de redressements fiscaux

Au moment de la mise en page de la première publication, un petit texte sous ce titre attire mon attention. Dans *LE REVENU* – Juin 2005 – numéro spécial. Un numéro sûrement envoyé dans un « mailing » !…

Plus de 50 000 contrôles sont effectués chaque année chez des particuliers ou dans des entreprises par des inspecteurs à la réputation quasi inquisitoire qui épluchent les plus petits détails. Ces contrôles sur place, appelés vérifications approfondies de situation fiscale d'ensemble (Vasfe dans le jargon du fisc), rapportent 7 milliards d'euros par an.

Voir désormais le site http://www.controlefiscal.net

Acte 1

Le salon d'une maison de village, ancienne, en pierres, près de Cahors. Faiblement meublé : un canapé, une table basse, une télé, un téléphone. Correctement tenu.
Au premier plan, à gauche, porte donnant sur l'extérieur. Puis une fenêtre.
Au premier plan, à droite, porte ouvrant sur la cuisine (où est située l'ouverture conduisant au grenier).
Au fond, porte ouvrant sur un couloir, vers les chambres et la cave.

Stéphane, allongé dans le canapé. Il lit, s'interrompt régulièrement, se penche, griffonne quelques mots sur une feuille posée sur la table basse.

Scène 1

Entre Aurélie. Une enveloppe en main. Elle regarde Stéphane plongé dans son livre. Il redresse la tête en souriant. Elle lui tend l'enveloppe.

Aurélie, *une moue d'inquiétude* : - Trésor public.
Stéphane, *prenant l'enveloppe :* - Trésor public ! Ils ne vont quand même pas me faire payer la taxe d'habitation !
Aurélie : - Ou alors ils te remboursent la taxe foncière…
Stéphane : - Trop optimiste. J'ai juste téléphoné, j'ai prononcé mon nom tellement vite que même une dactylo stakhanoviste n'aurait pas pu le noter. Alors un fonctionnaire !
Aurélie : - Les conversations sont peut-être enregistrées, envoyées en Inde via internet, et là-bas des étudiants en langue française, pour quelques centimes de l'heure, les retranscrivent et les renvoient au service contrôle interne

71

de la direction des impôts, où un logiciel réagit à quelques mots-clés, tout en fournissant des statistiques au chef de service, statistiques primordiales pour dresser le planning des congés payés, du jeu de fléchettes et du nettoyage de la machine à café..

Stéphane : - Tu nous refais une dérive Big Brother is watching you !… et de toute manière il est impératif d'avoir dépassé 75 ans, c'est l'unique solution, affirmation du vénérable fonctionnaire.

Aurélie : - Les fonctionnaires affirment, confirment et parfois infirment. La loi peut évoluer ! Nos députés légifèrent ! Ou notre vénérable administration va reconnaître la première erreur de sa longue et vertueuse existence !

Stéphane : - Ou une mauvaise nouvelle.

Aurélie : - Sois pas pessimiste. Tu n'as jamais payé la taxe d'habitation… et même si quelqu'un m'avait dénoncée, deux travailleurs indépendants Rmistes n'ont pas à payer la taxe d'habitation.

Stéphane : - Qui aurait eu l'outrecuidance de te dénoncer ?

Aurélie : - Le notaire pardi ! Puisque tu ne lui as pas donné l'argent au black réclamé en contrepartie de son sourire.

Stéphane : - L'escroc ! Tu crois qu'ils demandent si tu vis ici, pour communiquer l'info au Conseil Général, diviser par le coefficient delta notre adorable Rmi.

Aurélie : - C'est ton tour Big Brother is watching you ! Officiellement je vis donc chez ma mère, na ! Et cette chère et inchangeable madame ma mère, même devant vingt-cinq présidents de régions en short et cravate assortie, elle le jurerait sur la tête de… mon père ! Elle ne tient quand même pas à me revoir chez elle !

Stéphane : - Trop tard maintenant, impossible de faire l'amour ni de terminer ce chapitre si je n'ouvre pas cette satanée lettre (*qu'il tient toujours en main gauche, dans la droite le livre*).

Aurélie : - Très intéressante ta réaction… pour une ancienne étudiante en psycho !… On a beau être honnête, une lettre avec l'emblème « trésor public », ça panique toujours…

Stéphane : - Quand on regarde le vingt heures, on le voit bien, nous ne sommes que des magouilleurs amateurs…

Aurélie : - J'en suis certaine, jamais personne n'osera la chanter cette chanson. Ils ont tous trop peur d'un contrôle fiscal… Tu crois que c'est une blague de ma frangine cette lettre ?

Stéphane : - Tu la crois capable d'aller aussi loin dans le canular de mauvais goût ?

Aurélie, *en souriant :* - Monsieur Ternoise, vous êtes convoqué au centre des impôts de Cahors, troisième escalier, porte K !

Stéphane sourit, ouvre l'enveloppe. Sort la lettre. Commence à la lire. Laisse tomber le bouquin. Pas un mot. Il se fige. Blanc.

Aurélie, *le fixe, puis :* - Je peux savoir ?

Stéphane sans réaction. Seuls les yeux scrutent chaque mot.

Aurélie : - Raconte.

Aurélie va s'asseoir près de Stéphane. Il tourne la lettre.

Aurélie, *lit, se fige, marmonne :* - Oh rivière de mercure !

Stéphane : - Tu crois qu'on m'a dénoncé parce que dans les salons du livre je demande toujours à être payé en liquide ?

Aurélie : - Nathalie ne serait pas capable d'une telle blague. Avant oui. Non, ce n'est pas possible. J'aurais reconnu son style. Ou alors elle a replongé.

Stéphane : - Replongé ?

Aurélie : - Replongé dans un de ses trips loufoques... c'est peut-être difficile à croire pour toi mais elle s'est bien assagie avec l'âge Nat !... Je ne t'ai jamais raconté ! Comme quand elle suivait les vieux dans la rue en notant sur un carnet leurs faits et gestes et le lendemain frappait à leur porte pour leur demander d'expliquer tel ou tel détour. Le plus souvent les vieux lui répondaient, lui offraient même le café ! C'était leur distraction gratuite, pas pire qu'un dimanche Jacques Martin. Ou quand elle téléphonait aux Nathalie de l'annuaire, pour leur demander comment elles supportaient leur prénom.

Stéphane : - Tu l'appelles.

Aurélie : - Tu la crois debout à onze heures, toi ?

Stéphane : - Essaye quand même.

Aurélie : - Si elle m'envoie acheter du tournesol, je te la passe.

Aurélie se lève, va au téléphone, le décroche, pianote.
Près d'une minute. Puis :

Aurélie, *à Stéphane :* - Je suis certaine, elle a débranché.

Aurélie, *au téléphone :* - Nat ! C'est ton Aurel.

Aurélie : - Je me doute...

Aurélie : - Mais non, nous n'avons pas retrouvé ton

74

ébauche... Je te l'ai déjà juré, je suis certaine de ne jamais l'avoir vue... Nous avons bien reçu ta lettre... Sur le coup on a vraiment paniqué...

Stéphane, *tout sourire :* - Ah ! C'est elle !

Aurélie : - Allez Nat, tu peux te confesser maintenant.

Aurélie : - Bon, on y croit encore une minute et après tu nous expliques pourquoi tu nous as envoyé ça.

Aurélie, *à Stéphane :* - Elle joue serré, mais elle va avouer ! Elle répond comme si elle n'y comprenait rien.

Aurélie, *au téléphone :* - Je disais à Stéph que tu fais comme si tu comprenais rien.

Aurélie, *à Stéphane :* - Elle jure sur la tête de Max Ernest !

Aurélie : - Mais non je n'ai pas fumé de graines de tournesol ! Stéphane vient de recevoir une lettre de contrôle fiscal...

Aurélie éloigne le téléphone de son oreille.

Aurélie, *à Stéphane :* - C'est son célèbre cri « *Et tu me réveilles pour ça !* »

Aurélie : - Toi qui as presque terminé de grandes études de droit, tu devrais pouvoir nous aider...

Aurélie : - Bisous.

Aurélie : - Tu crois que j'ai la tête à te demander ce que tu as peint cette nuit ! Tu nous raconteras tout à l'heure.

Aurélie, *en raccrochant :* - Super Nat va passer avec tous

ses souvenirs. Elle a vendu en mars un tableau à un mec du centre des impôts, elle va rechercher son nom... Si c'est lui, elle est même prête à lui en offrir un autre pour qu'il passe au dossier suivant... Je comprends pas comment tu m'as préférée !... Si j'étais un mec, je crois que je ne pourrais pas résister à Nat.

Stéphane : - Donc si tu deviens lesbienne... Ça m'a coupé l'envie de faire l'amour, cette sale histoire ! Tu te rends compte, c'est la première fois qu'à ton retour du facteur on ne fait pas l'amour !

Aurélie : - Ouf, tu as remarqué aussi ! Rien que pour ça, je le hais déjà ce Christian Dupneu... Tu devrais peut-être rechercher tes trois dernières déclarations...

Stéphane : - Comment veux-tu que je les retrouve !... Elles doivent s'empoussiérer dans les caisses des « brouillons à revoir ».

Aurélie : - Comme quoi, il ne faut jamais rien jeter !

Stéphane : - Ou les souris les ont dévorées.

Stéphane se lève.

Aurélie : - Tu y vas déjà... alors c'est vrai ! On se prive d'amour !

Stéphane : - Viens toujours chercher avec moi... Peut-être qu'au milieu des cartons...

Ils sortent. Aurélie l'embrasse sur la joue.

Aurélie : - Mon fraudeur adoré...

Scène 2

Un chien aboie. On frappe à la porte. Aurélie entre par le couloir, parlant à Stéphane qui la suit (les bras remplis de papiers, qu'il posera sur le canapé).

Aurélie : - …une voiture, et Gary aboie, c'est forcément super Nat… Ecoute… Je reconnaîtrais sa manière de frapper entre mille.

> *Aurélie ouvre la porte.*
> *Nathalie entre, se pend au cou de sa sœur.*

Nathalie : - Salut les paniqués… Toi tu viens de copuler férocement !

Aurélie : - Je préfère l'expression « faire l'amour »… Mais ça ne se voit pas !

Nathalie : - Tes yeux Aurel !

Aurélie *s'avance vers la glace et s'y regarde :* - C'est juste parce que tu sais que le facteur… Je ne te raconterai plus rien !

> *Nathalie se pend au cou de Stéphane.*

Nathalie : - Tes yeux aussi Stéph !

Stéphane : - Puisque tu es voyante, tiens (*il lui tend la lettre du centre des impôts*).

Aurélie : - Alors, ton acheteur l'inspecteur ?

Nathalie : - Claude Duglaner.

Stéphane : - Christian Dupneu.

Nathalie : - C'est un bon début… Les mêmes initiales ! CD ! Quand la musique est bonne, on nique, on nique ! Excusez-moi, j'ai repassé une nuit avec l'autre CD, ce Carlo dragueur d'aéroport, vous vous souvenez, le CD d'Addis-Abeba ?

Aurélie : - Fais gaffe, quand même, il n'est pas net, ton fonctionnaire européen.

Nathalie : - Il veut se taper une bourgeoise black, séparée de son mari quoique retournant parfois dans son lit et en froid avec son amant officiel, une cocotte au baratin de vertus et dignités, alors on a répété des petites scènes d'amitiés particulières.

Aurélie : - Tu te souviens de tes cours de fiscalité ?

Nathalie : - N'oublie jamais : encore trente-six ans et neuf mois de Rmi à toucher avant de vivre correctement de mes créations… et comme tu le vois (*pose mannequin*) j'ai tout juste vingt-cinq ans !… (*elle récite :*) Sont le plus souvent contrôlées les professions où circule de l'argent en liquide…

> *Aurélie et Stéphane la fixent.*

Aurélie : - Ce ne sont que quelques petites pièces !

Nathalie, *continue :* - Les contrôleurs effectuent systématiquement des recoupements pour traquer les invraisemblances… (*souriante :*) tu n'aurais pas rempli une déclaration d'ISF ?

Stéphane : - ISF ?

Nathalie : - Impôts Sur la Fortune quoi !

Aurélie : - TSF

Stéphane : - TSF ?

Nathalie : - Ne viens pas nous embrouiller… ISF, TSF, SNCF… On s'égare.

Aurélie : - TSF ! redevance télé.

Stéphane : - Trésor public, service de la redevance de l'audiovisuel, circonscription de Périgueux, rue des Francs Maçons.

Nathalie : - Tu te souviens même de la rue !

Stéphane : - Attends, j'ai vu cette paperasse y'a pas dix jours, pas même dix minutes… (*il fouille ses papiers*)

Stéphane, lit : - A l'issue d'un rapprochement entre les fichiers « redevance de l'audiovisuel » et « taxe d'habitation », effectué conformément aux dispositions de l'article L117 A du livre des procédures fiscales, il apparaît que vous n'êtes pas recensé comme détenteur d'un téléviseur à l'adresse où vous êtes assujetti à une taxe d'habitation. Si vous ne possédez pas de téléviseur, il vous suffit de le préciser sur le questionnaire en cochant la case adéquate.

Nathalie : - Et forcément tu n'as pas renvoyé le questionnaire !

Stéphane, lui montrant : - Ils n'avaient pas joint d'enveloppe affranchie pour la réponse !

Nathalie : - Et ce n'est qu'un article, le L117 A. Je peux même sûrement vous apprendre que le Code Général des Impôts, comprend 1965 articles, plus des annexes, plus le Livre des procédures fiscales et les instructions administratives de Bercy. Et nul n'est censé ignorer la loi !

Aurélie : - Faudra monter la télé au grenier.

Nathalie : - De toute manière, je ne vois vraiment pas à quoi elle vous sert.

Stéphane : - Je l'ai gagnée à un concours de connaissances… Sur le foot… Tu sais qu'à 17 ans j'étais déjà un ancien espoir du ballon rond !

Aurélie : - Très intéressant pour l'ancienne étudiante en psycho ! Ainsi en conservant cette télé qui ne fonctionne peut-être même plus, tu gardes un peu de tes 17 ans !

Nathalie : - On l'essaye !

Aurélie : - Tu ne crois pas qu'on a des choses plus urgentes à faire ?

Nathalie : - Si vous n'aviez pas fini, allez-y, je patiente ici.

Aurélie : - Qu'est-ce tu racontes ?

Nathalie : - Si vous m'en voulez d'avoir interrompu votre copu... amour effréné !

Aurélie : - Trésor fiscal !

Nathalie, *en s'asseyant :* - Regarder la télé ! Tu crois que je tiendrais ?... Tu me la donnes ta télé, Stéph ? J'écrirai « Ici personne » sur l'écran, et je la mettrai en vente lors de l'expo de printemps... Tu crois pas que c'est ma meilleure idée... de la journée ?

Aurélie : - Trésor fiscal ! (*elle s'assied, Stéphane aussi*)

Nathalie : - Bon ! Va falloir mettre un peu le bordel ici ! C'est trop propre votre nid de tourtereaux. Y'a même pas une toile d'araignée. Indispensable. Car si votre contrôleur est un fouineur, il trouvera forcément quelque chose dans tes déclarations. Comme on ne peut plus les changer, comme on ne peut plus changer de contrôleur... Il faut terroriser les terroristes (*voix grave à la Charles Pasqua*) ! Enfin, il faut décontenancer le contrôleur. Intimider l'inspecteur.

Aurélie : - Il faut frictionner le fonctionnaire.

Nathalie : - Confisquer les fiscaliseurs.

Aurélie : - Fermer le fisc.

Nathalie : - Délocaliser leur local.

Aurélie : - Enfouir les fouineurs.

Stéphane : - Vous croyez vraiment le bon moment approprié pour rivaliser de lyrisme fiscal !

Nathalie : - Il doit venir quand votre fonctionnaire ?

Stéphane : - 15 jours.

Nathalie : - Trop tôt !

Stéphane : - 15 jours ou un mois, ça change quoi ? Et le plus vite sera le mieux finalement, le pire c'est l'incertitude ! Comment vais-je dormir durant quinze jours ?

Nathalie : - T'inquiète ! Aie confiance en Aurel ! 15 nuits sans sommeil, ça vous remplira la vie d'un tas d'imprévus à me raconter !

Aurélie : - On n'est pas tes cobayes, Nat !

Nathalie : - Dans 15 jours si vous laissez la fenêtre ouverte la nuit, la chaleur restera encore respectable dans le salon, tandis que dans un mois, ça risque d'être limite frigo.

Aurélie : - Tu veux dire qu'il faut congeler le contrôleur pour qu'il aille voir ailleurs !

Nathalie : - Exactement. Même un contrôleur a, au moins un jour, été un être humain. C'est dans les situations difficiles qu'un peu d'humanité peut ressortir. Il faut qu'il en arrive à penser : je perds mon temps, même s'il a fraudé ce type, il restera en dessous du seuil d'imposition…Tu n'as pas trop exagéré ?

Stéphane : - Comment pourrais-je le savoir ?

Nathalie : - Enfin, juste pour garder le Rmi et acheter du rosé… d'ailleurs je n'ai pas encore déjeuné… Vous n'auriez pas un p'tit rosé au frais ?

Aurélie se lève et va à la cuisine chercher une bouteille de rosé.

Nathalie : - Si vous me laissez carte blanche, je vous prépare une réception qu'aucun bureaucrate ne pourrait souhaiter à son ministre.

Stéphane : - Tu ne crois pas qu'il vaudrait mieux l'amadouer, plutôt qu'essayer de le terroriser ?

Nathalie : - C'est l'erreur impardonnable avec les fonctionnaires. Dans bureaucrate il y a bourreau. Essayer de l'amadouer c'est encore se croire dans un conte pour enfants où il suffit de sourire au lion pour ne pas être dévoré. Il a l'habitude de ressentir sa victime à sa merci, le bureaucrate, et plus le contribuable s'abaisse plus il appuie sur la tête. Ici, il va douter, puis il va trembler.

Stéphane : - Trembler... Faudrait quand même pas aller trop loin (*Aurélie rentre... sert trois verres de rosé*).

Nathalie, *prend un verre* : - A notre combat ! (*ils trinquent*)

Aurélie : - Comment vas-tu le faire trembler ce type ?

Nathalie : - Les souris !... Qui dit campagne dit souris !... Il va falloir attraper quelques souris d'ici là...

Aurélie : - Ah non ! On ne lâche pas de souris ici. J'arriverai plus à dormir.

Nathalie : - Bon... En plus, les lâcher, elles sont tellement peu coopératives qu'elles risquent de même pas se montrer. Il suffit d'en enfermer une dans vos pièges, ceux aux pigeons... Deux trois trappes aussi pour qu'à son arrivée il ait un service d'accueil conforme à son rang... Tu vas pas te montrer Aurel, nous irons au grenier, et nous jouerons aux petites souris excitée par un gros fromage suisse...

Aurélie : - Ça t'amuse ce genre de mise en scène !

Nathalie : - On n'a pas tous les jours l'occasion de bousculer un bureaucrate !... Et si ça marche... Tu trouves pas que ce serait un bon sujet... Tu peux m'en resservir un deuxième... Je suis à jeun... C'est une bonne bouteille ! Encore une réclamation réussie !?

Stéphane : - Comme les autres ! Mais cette fois l'œuvre d'Aurélie qui a inventé une histoire abracadabrante de repas des chasseurs gâché par leur vin bouchonné. Vingt-quatre bouteilles gagnées cette fois !

Nathalie : - Va vraiment falloir que je me mette aux

réclamations ! Carlo m'a bien offert un carton de champagne pour notre nuit de grandes caresses. Mais ça part si vite ! Sa Momina a des scrupules, elle lui a écrit n'avoir aucune raison de tromper son copain mais elle a un fantasme, être caressée toute une nuit. Il me gonfle ce vieil étalon italien.

Aurélie : - Tu veux des biscottes ?

Nathalie : - Terminé ! Terminé quoi ? Les biscottes à jeun !… Mais une pomme je veux bien (*Aurélie se lève et va dans la cuisine*). D'ailleurs… Je crois que je suis bien partie pour décrocher le rôle de Phèdre… Bon Phèdre de Cahors, Agen, Montauban, c'est pas Avignon… Oui, votre histoire m'intéresse… Je suis certaine que je pourrai en faire une pièce de théâtre !

Stéphane : - Avec dans le rôle de Nathalie : super Nat !… Auteur, metteur en scène, actrice principale, digne héritière de Sarah Bernhardt, pourvue d'une plume à remuer dans leur tombe Molière, Shakespeare et Sacha Guitry. (*durant cette tirade, Stéphane regarde tendrement Nathalie, qui le lui rend bien, et il caresse sa jambe gauche sur une vingtaine de centimètres en remontant, en partant du genou – ils détournent les yeux*) Et tu crois indispensable de retarder ce satané rendez-vous ?

Nathalie, *très bas* : - Je rêve d'Amour. (*plus haut :*) Indispensable !

Stéphane : - Et le motif sérieux ?

Aurélie revient et lui lance une pomme, reste debout, admirative de sa sœur.

Nathalie : - Tu as un rendez-vous avec une chanteuse. A Paris. Dans l'optique d'écrire son prochain album. Naturellement tu ne peux pas décaler ce rendez-vous, essentiel pour ta carrière d'auteur.

Stéphane : - La chanteuse s'appelle ?

Nathalie : - Top secret forcément ! La chanson est un milieu où tout doit rester confidentiel. Il faut bien faire sentir à ce bureaucrate qu'il n'est pas de ce milieu. Il a beau posséder le pouvoir de fouiner, il ne peut que rêver devant sa télé. Ces artistes devant lesquels il est en bave, toi tu les tutoies ! (*Stéphane moue sceptique*) Stéph, tu les tutoies ! Il doit le croire, donc tu dois le croire avant lui. Il a peut-être une fille ou un fils ce Ducon ! Et qu'est-ce qu'il ferait pas pour ne plus passer pour le vieux con de service devant ses gosses de friqué. Quel beau dimanche il va passer s'il peut proclamer avoir vu l'homme qui tutoie l'idole de sa fille.

Stéphane : - Sa fille est étudiante en droit et n'aime que l'opéra.

Nathalie : - Sois optimiste ! Le monde appartient aux héros assez courageux pour vivre debout, assez lucides pour regarder dans les yeux même les bourreaux, quand il n'est plus possible de changer de trottoir.

Rideau

Acte 2

Le même salon... Crade et bordel (sans télé), fenêtre grande ouverte. Au premier plan un piège grillagé avec une souris à l'intérieur. Devant la fenêtre, une vieille gazinière et sa bouteille à côté. Le chien aboie. On frappe à la porte extérieure.

Scène 1

Aurélie arrive en courant, enfilant un gros pull.
Aurélie ouvre la porte. Nathalie entre, très couverte.

Nathalie, *tend un sac de supermarché* : - Présentez, armes !

Et retourne le sac : un énorme nuage de poussière.

Aurélie et Nathalie : - Hmm Hmm Hmm Hmm Hmm…
Aurélie : - Tu ne crois pas que c'était déjà amplement suffisant ?
Nathalie : - C'était l'occasion de faire... Hmm hmm… Le ménage.
Aurélie : - Ton appart est propre ! Qu'est-ce qui se passe ?
Nathalie : - Je vais peut-être déménager…
Aurélie : - Je croyais que tu avais viré à l'abstinence… Hmm hmm…
Nathalie : - Justement... Ce Carlo m'a dégoûté du futile et des mensonges… Je change de vie.
Aurélie : - Tu entres au monastère ?
Nathalie : - Je suis amoureuse !
Aurélie : - Et lui ?
Nathalie : - Je n'ai pas encore osé lui avouer !
Aurélie : - Toi ! Mais qu'est-ce qui se passe !

Nathalie : - Hmm hmm hmm hmm hmm... Imagine qu'au lieu d'un inspecteur arrive notre chère mère adorée.

Aurélie : - J'assisterais à... Vos fumeuses retrouvailles... Hmm hmm...

Nathalie : - Parle pas de malheur !

Aurélie : - Depuis que je vis avec Stéph, ça va nettement mieux... On parle pluie, beau temps, touristes, hausse des prix, achats remboursés, soldes !... T'inquiète pas, je lui en ai dit le minimum mais suffisamment pour qu'elle ne vienne pas.

> *Durant ces propos, Aurélie prend un pull sur le canapé et se le passe, puis met un bonnet. Nathalie sort un bonnet de sa poche et en fait de même.*

Nathalie : - Et Stéph ?

Aurélie : - Sois pas surprise... Tu l'as vu non peigné depuis huit jours... Ce matin j'ai ajouté un peu d'huile sur ses cheveux...

Nathalie : - C'était un ordre impératif de super Nat !... Pourquoi je serais surprise... Il doit être tout mignon comme ça !

Aurélie : - Je le préfère autrement...

> *Stéphane entre en peignoir, bonnet sur la tête, ses cheveux gras dépassent, grosses chaussettes (couleurs différentes), pantoufles trouées.*

Nathalie : - Whaaaaahhhhhh !

Stéphane, *la voix pâteuse* : - Salut les filles !

> *Il éclate de rire. Nathalie se pend à son cou très tendrement...*

Stéphane : - J'arriverai jamais à parler comme ça durant quatre heures.

Nathalie : - Il ne tiendra pas quatre heures ! Parole de Nat ! Allez, dernière répétition générale... Où est le sang ?

Aurélie : - Non, pas de répétition pour la scène du sang. On a déjà testé avec de l'eau, on sait que ça marche.

Stéphane sort par la porte de la cuisine, revient avec un flacon.

Stéphane : - Du vrai sang de souris. Il doit être temps de le sortir du frigo, sinon, du sang froid ça peut surprendre... (*il agite le flacon*) et même pas coagulé !

Nathalie : - Tu as dû t'amuser à saigner cette petite bête.

Aurélie : - Je me suis dévouée.

Nathalie : - La scène des fantômes.

Aurélie : - Mais non, on va la réussir !

Stéphane : - Refaites-la quand même... Il ne faudrait quand même pas exagérer... Il doit se demander si c'est un fantôme ou des souris... Je connais Nat !

Nathalie : - Quoi ! Tu me connais ?... Je sais me tenir... Parfois !

Aurélie : - Allez, allons au grenier.

Nathalie et Aurélie sortent par la cuisine

On entend :

Aurélie : - Attends que je sois dans le grenier avant de mettre un pied sur l'échelle... Tu sais que les échelles et moi on n'est toujours pas les meilleures copines du monde.

Nathalie : - Tu devrais en parler à ton psy !... Pourquoi tu as arrêté ?

Aurélie : - Tu sais bien que j'en connais plus que tous les psys de Cahors réunis...

Nathalie : - Sur les autres peut-être, mais c'est toujours sur soi le plus compliqué... Pourquoi tu ne veux pas être ma psy ?

Aurélie : - Je t'ai déjà expliqué : impossible. Le transfert ne fonctionnerait pas. Je te connais trop.

Bruit : *un saut à pied joint dans le grenier*

Nathalie : - Tes souris adorées sont arrivées !
Stéphane : - Des souris, pas des éléphants !
Nathalie : - Si on répétait les glissades à la crème !

Bruit : *les glissades !*

Stéphane : - Pas mal. On retient les glissades.
Nathalie : - Les petites danseuses, les vieux rats du conservatoire !

Bruit : *les « rats » !*

Stéphane : - Là je doute ! Vraiment vous ou des souris ?

Aurélie : - La marche sur talons.

Bruit : *des craquements du plafond.*

Stéphane : - Heureusement que tu n'as pas d'aiguilles.
Aurélie : - Mais ça donne quoi ?
Stéphane : - On se croirait un soir d'hiver quand on se demandait si des souris pouvaient faire un tel chambard.
Aurélie : - Alors on peut redescendre ? Essai concluant ?
Nathalie : - Attends.

Bruit : *comme des fantômes dans un grenier.*

Stéphane : - Tu fais ça comment ?
Nathalie : - Secret ! Ça donne ?
Stéphane : - A faire uniquement s'il commence à paniquer, à se demander s'il est arrivé dans une maison hantée.

Aurélie : - Je descends la première... Je sais je suis l'aînée... Mais sur une échelle... Stéph, viens tenir l'échelle.

Stéphane sort (vers la cuisine). On entend de la cuisine :

Stéphane : - Alors mon amour, les échelles seront toujours ton talon d'Achille ?

Nathalie : - Je peux descendre ou je vous laisse prendre une pause ?

> *Bruit : un grand bond.*

Nathalie : - Sauter du quatrième barreau, un jour tu réussiras aussi petite frangine !

Aurélie : - Et si tu étais passée dans la cave ! C'est du plancher par terre ici !

Nathalie : - Donc tu n'as pas encore détourné suffisamment pour restaurer vraiment la cuisine ! N'hésite pas à le signaler à ton fouineur.

> *Ils reviennent dans le salon.*

Nathalie : - Alors, tes petites souris fantomatiques ?

Stéphane : - Presque fantastiques… Mais bon, je ne suis pas inspecteur des impôts… J'ignore comment ça réagit ces humanoïdes-là !

Aurélie : - J'ai faim !… J'ai préparé à manger dans la chambre…

Nathalie : - Décidément, on y fait tout dans votre chambre !

Aurélie, *à Stéphane* : - Tu peux rester ici, si c'est trop difficile de nous regarder manger.

Nathalie : - Oh Stéph, ton odeur sauvage !

Aurélie : - A trois mètres, tu la renifleras aussi bien qu'à trois millimètres.

> *Ils sortent par la porte des chambres.*

scène 2

Entrent Nathalie et Aurélie.

Nathalie : - Tu crois qu'il va tenir, Stéph ?

Aurélie : - Tu veux dire… Que finalement nous aurions dû dormir cette nuit ?… C'est terrible de l'avoir empêché de déjeuner… Alors que ça donne vachement faim !

Nathalie : - Moi ça me donne plutôt l'envie d'allumer la télé !… Ils sont tellement tous pareils les mecs, vides, comme téléguidés par une télé ou une radio… Des machos manchots du cerveau, des manipulateurs. Je me suis laissée triturer par ce salaud de Carlo aussi pour avoir devant les yeux un monstre.

Aurélie : - Je te prévenais de te méfier. C'était un sophiste, il t'aurait enfermé dans la dépression si tu avais continué.

Nathalie : - Je croyais être assez forte pour lutter mais je vois bien qu'il m'a utilisée comme il utilise les autres, avec ses théories d'amitié de sagesse et tendresse.

Aurélie : - Son baratin était trop bien huilé.

Nathalie : - Ça y est, il se l'est tapée sa bourgeoise. Après trois nuits, ils sont dans le bras de fer : il veut qu'elle accepte avec sourire et plaisir ses nuits avec Sophie et elle voudrait qu'il quitte sa blanche, l'épouse et l'engrosse. Si elle connaissait vraiment sa vie, madame naïve la schizophrène qui continue à écrire mon amour à son amant officiel qui continue de l'attendre. Bref, quand je te vois… Je peux te demander… Un service ?

Aurélie : - Si ce n'est pas de passer une nuit avec Stéph.

Nathalie : - Bon alors je n'ai rien dit !

Aurélie : - Tu reconnais quand même que tu exagères ?

Nathalie : - Non… Puisque je n'agis pas derrière ton

dos… Je vais peut-être essayer avec des filles… Tu as déjà essayé ?

Aurélie : - Tu sais bien… Tu es la seule fille avec qui je peux parler plus d'un quart d'heure.

Nathalie : - Je ne dis pas de parler, je sais bien que nous sommes les frangines misanthropes… C'est une proposition !?

Aurélie : - N'exagère pas !

Nathalie : - Tu crois que Stéph serait d'accord pour un câlin à trois ?

Aurélie : - Je devrais peut-être me méfier de toi !

Stéphane entre.

Stéphane, *voix pâteuse* : - Alors, les filles, pas encore au grenier ?

Nathalie, *regarde sa montre* : - Oh Picasso !… Moins cinq !… On discutait de c'qu'on pourrait faire de tendre ce soir pour te… redynamiser !

Aurélie, *qui emmène Nathalie* : - Au grenier frangine, (*à Stéphane* :) n'oublie pas de fermer la fenêtre !

Nathalie : - Tes petites souris vont t'épater… Et n'oublie pas d'être vulgaire ! Je veux entendre des « merde », des « oh putain ! »

> *Elles sortent vers la cuisine, Stéphane ferme la fenêtre et les volets puis va à la cuisine cacher l'échelle.*

Stéphane : - Ferme bien la trappe.

> *Stéphane revient dans le salon, va se regarder dans le miroir. Se sourit.*

Stéphane : - La tête que j'ai aujourd'hui, j'la r'grettrai dans dix ans !*

* extrait d'une publicité de Serge Gainsbourg pour les pellicules photos Konica.

Bruit : un grand coup de pied dans le grenier. Stéphane sursaute.

Nathalie : - Compagnie du grenier, au poste !
Stéphane : - Chut !...

Stéphane s'assied sur le bord du canapé. Se relève. Se rassied. On frappe à la porte. Stéphane sursaute. Respire un grand coup. Se bouche le nez. Agite les bras. On frappe de nouveau.

Voix du dehors : - Y'a quelqu'un ?

On frappe de nouveau. Stéphane va à la fenêtre, l'ouvre, ouvre le volet. Apparaît l'inspecteur.

Stéphane, *voix pâteuse* : - Vous êtes perdu ?
L'inspecteur : - Stéphane Ternoise ?
Stéphane : - Parfois... C'est pour quoi ?
L'inspecteur, *surpris* : - Vous êtes bien monsieur Stéphane Ternoise ?
Stéphane : - Parfois... Assez souvent.
L'inspecteur : - Inspecteur Dupneu, du centre des impôts de Cahors. Nous avons rendez-vous à quatorze heures.
Stéphane : - Ah oui... (*bâille*) Pourquoi vous passez ce matin ?
L'inspecteur : - Il est quatorze heures.
Stéphane : - Pas possible !
L'inspecteur, *tourne vers lui sa montre* : - Déjà quatorze heures cinq.
Stéphane : - Alors c'est à cause de ces putains de souris. Elles ont fait un de ces raffuts. Mais vous êtes sûr, quatorze heures en France ?
L'inspecteur, *s'impatiente* : - Je peux entrer.

92

Stéphane : - Oui… Si vous me jurez qu'il est bien quatorze heures… En France ?…

Stéphane va à la porte, agite la serrure, revient à la fenêtre

Stéphane : - Hé !… Inspecteur !…

L'inspecteur réapparaît à la fenêtre.

Stéphane : - Vous vous y connaissez en serrures ?
L'inspecteur : - C'est-à-dire ?
Stéphane : - C'est bloqué depuis deux mois.
L'inspecteur : - Et vous ne sortez pas depuis deux mois ?
Stéphane : - Si si, j'passe par la cave. Vous seriez pas un peu serrurier ?

L'inspecteur le fixe, de plus en plus interloqué.

L'inspecteur : - Pourriez-vous m'indiquer votre entrée secondaire ?
Stéphane : - Pas de problème (*il fait les signes en même temps*) tout droit, à gauche au bout du mur, à gauche encore, et première porte à gauche. Faites comme chez vous, c'est ouvert. Je vais vous ouvrir en haut. Y'a un escalier, c'est pas le Plazza mais ça tient.

L'inspecteur disparaît.

Stéphane, *sourit* : - S'il arrive avec des toiles d'araignées dans les cheveux, j'arriverai jamais à me retenir (*il joint les mains*). Mon Dieu des magouilleurs amateurs, faites qu'il se casse la gueule dans les escaliers !… Si j'étais à sa place, je le ferais exprès ! Accident du travail !

Stéphane sort.

93

On entend :
Stéphane : - Vous inquiétez pas, j'y passe trois fois par jours... Je passe devant vous...

Ils entrent.

L'inspecteur, *qui lui tend la main* : - Bonjour monsieur Stéphane Ternoise.
Stéphane : - Ah oui ! (*en baillant*) Au fait, bonjour monsieur André Dupneu.
L'inspecteur : - Christian Dupneu, inspecteur au centre des impôts de la 1ere circonscription du Lot.
Stéphane : - Oui, je me souviens. C'est vous qui avez signé la lettre que j'ai reçue. André Dupneu, chef du contentieux... Euh... Heureux de vous rencontrer en vrai.
L'inspecteur, *qui regarde autour de lui, interloqué* : - Oui, je sais, vous êtes auteur de chansons. Je connais la chanson de Jacques Brel. Mais moi c'est Chritian Dupneu, inspecteur au centre des impôts de Cahors. Troisième secteur.

Bruit : des doigts grattent le bois dans le grenier. Stéphane ne s'en soucie pas. L'inspecteur regarde autour et au-dessus de lui.

Stéphane : - Ah !... Vous êtes le fils d'André.
L'inspecteur, *gêné* : - Mon père s'appelait bien André... Mais ça n'a rien à voir. Je suppose que vous avez préparé votre comptabilité.
Stéphane : - Ma... Ah oui... Les dépenses et les recettes... C'est ce que vous appelez comptabilité ?
L'inspecteur : - C'est le terme exact.
Stéphane : - Vous êtes certain ?
L'inspecteur : - Parfaitement.

Stéphane : - Je croyais que comptabilité ça s'appliquait aux entreprises.

L'inspecteur avance et... Aperçoit la cage grillagée...

L'inspecteur : - Ha ! (*il a un geste de recul...*)
Stéphane, *s'avance* : - Ça va être une bonne journée je crois !
L'inspecteur : - Vous pourriez la retirer.
Stéphane : - Vous êtes de la SPA ? Vous voulez que je la libère ?
L'inspecteur : - Non, non, surtout pas ! La mettre dans une autre pièce.
Stéphane : - Je vais aller la noyer tout de suite dans l'évier.

Il ramasse la cage et va dans la cuisine où il fait couler de l'eau tandis que l'inspecteur observe avec surprise et dégoût, s'essuie le costume.
Retour de Stéphane.

L'inspecteur, *avance vers la petite table* : - Ha ! (*de nouveau il recule... Il a vu les deux trappes, les deux souris mortes*)

Stéphane, *s'avance* : - Celles-là, inutile de les noyer !... Si j'avais dix trappes, je crois que chaque matin elles seraient pleines. Mais je préfère les mettre dans la chambre (*silence*).
L'inspecteur : - Vous êtes donc au régime...
Stéphane : - Non. Si ça vous dérange pas il faut que je déjeune.

L'inspecteur le fixe comme on doit fixer un martien ou, plus courant, un idiot.

95

L'inspecteur : - Vous êtes donc au régime de la déclaration contrôlée... Je suppose que vous avez préparé vos justificatifs de... Dépenses recettes.

Stéphane : - Oui, tout est là (*il montre un carton sur la table*).

L'inspecteur : - Je peux m'asseoir ?

Stéphane : - Bien sûr...

Stéphane retire les feuilles devant le carton et les pose un peu plus loin, ainsi l'inspecteur a juste une place pour s'asseoir, le restant du canapé étant couvert de papiers, cartons, chemises trouées...

L'inspecteur : - Vous vivez seul ?

Stéphane : - Célibataire sûrement sans enfant à charge.

L'inspecteur : - Sûrement ?

Stéphane : - J'ai débuté mon activité sexuelle avant les messages préventifs contre le sida et... Enfin je ne vais pas vous raconter ma jeunesse. Vous ne travaillez pas pour *Voici* !

L'inspecteur ouvre le carton, sort les premiers papiers, Stéphane va chercher du lait, en verse dans une casserole.

Stéphane : - Vous voulez un bol de lait ?

L'inspecteur, *le fixe de nouveau* : - Non merci.

Stéphane : - Même avec du chocolat dedans ?... Vous avez de la chance, y'avait du Poulain remboursé, c'est pas tous les jours que les achats remboursés sont de qualité.

L'inspecteur : - Vous pourriez m'indiquer où se situent vos déclarations.

Stéphane : - Je suis certain qu'elles sont dans... (*il craque une allumette et allume le gaz*) Ah... (*il sourit*)

96

Avant ça m'inquiétait mais j'ai lu que c'est normal chez les humains du sexe mâle, de pouvoir faire qu'une chose à la fois, alors que les humains de sexe femelle peuvent faire trente-six choses à la fois (*L'inspecteur le fixe, se demandant sûrement le rapport avec sa question*)... Je suis certain qu'elles sont dans le carton, carton, c'est le mot qui m'échappait... Ça vous arrive aussi de ne plus trouver le terme exact en allumant le gaz ?

L'inspecteur, *hésitant à répondre* : - J'ai une cuisinière électrique.

Stéphane : - Si un jour j'en ai les moyens, j'en achèterai une... Ça paye mieux qu'auteur de chansons, chef du contentieux.

L'inspecteur : - Inspecteur des impôts.

Stéphane : - Ah, c'est pas un mot différent pour qualifier la même fonction ?... Un... Synonyme ?

L'inspecteur : - Nous en étions donc à vos déclarations.

Stéphane : - Je suppose que vous avez les doubles.

L'inspecteur : - Certes...

> *Bruit : un pied glissant contre le plancher du grenier. L'inspecteur s'arrête, relève la tête, regarde Stéphane qui surveille le lait sans la moindre réaction.*

L'inspecteur : - Certes... Mais je suppose qu'à l'intérieur de vos déclarations je trouverai le détail de vos... Dépenses recettes.

Stéphane : - Tout y est... Il m'a fallu huit jours pour tout retrouver. Mais tout y est !

> *Bruit : un morceau de bois claqué contre le plancher du grenier. L'inspecteur sursaute, laisse échapper « hein ! » Stéphane reste impassible.*

Stéphane : - Vous voulez un bol de lait ?

L'inspecteur : - Vous êtes sûr que (*il regarde au-dessus de lui*) le plafond est solide ?

Stéphane : - Dans la grande pièce, des tuiles se sont envolées avec la tempête. Mais le voisin m'a aidé, et il tombe plus que quelques gouttes. J'ai mis un seau dans le grenier et ça va. Ici au-dessus, j'y suis monté, à voir ça tient. Vous aussi, vous avez eu des dégâts avec la tempête ?

Un nouveau bruit.

L'inspecteur : - Vous avez entendu ?

Stéphane : - Ah !... Les copines...

L'inspecteur : - Vous hébergez des amies dans votre grenier ?

Stéphane : - Les copines... Oh c'est pas des travailleuses clandestines !... (*Stéphane sourit*) C'est une déformation professionnelle... Ça m'arrive aussi, quand il se passe quelque chose, j'essaye d'en faire une chanson... Les copines, c'est comme ça que j'appelle les souris... Le matin on dirait qu'elles ont besoin de se dégourdir les pattes... C'est rare qu'il y ait du grain empoisonné remboursé... Vous aussi vous êtes embêté avec les souris ?

L'inspecteur : - Je vis en ville. Mais je croyais que les souris dormaient le jour.

Stéphane : - Je suis certain qu'il y a plusieurs tribus. Certaines s'agitent la nuit pour m'empêcher de dormir, d'autres le jour pour m'empêcher d'écrire... Parfois, je me dis qu'elles sont payées par la sacem, ces garces... (*L'inspecteur le fixe de nouveau*) Ces garces, c'est les souris de la journée... Ou alors elles voudraient que je leur laisse la maison. Mais je ne céderai pas... Oh putain !

(*Stéphane souffle en direction du lait et soulève la casserole*) Oh putain, on discutaille on discutaille et peu à dire le pinard caillé se sauvait… J'aurais pas voulu vous mettre ce drame sur la conscience… (*Stéphane arrête le gaz*)

Nouveau bruit.

L'inspecteur : - Vous êtes certain que des souris peuvent se rendre coupables d'un tel bruit ?

Stéphane : - J'en doutais aussi au début. Certains ont prétendu que j'avais acheté une maison hantée.

L'inspecteur se redresse, effrayé.

Stéphane : - Alors j'ai phantasmé sur ce grenier, persuadé d'avoir touché le gros lot, persuadé qu'y logeaient des succubes, persuadé qu'une nuit j'aurais une agréable surprise. (*passent dans les yeux de l'inspecteur des sentiments difficiles à traduire ; ignore-t-il la signification du terme succube ? A-t-il regardé trop de films d'horreur ?*) Mais comme rien n'arrivait, je suis monté au grenier.

L'inspecteur, *tombe dans le jeu du silence de Stéphane et lâche un* : - Et ?

Stéphane : - Devinez comment la réalité m'a alors piteusement renvoyé à mon triste sort ? Malheureusement, aucune diablesse ne viendra égayer mes nuits. (*Se voulant lyrique* :) Aucune diablesse ne viendra égayer les nuits d'un écrivain maudit, jamais, ni succube ni fée, pour me sauver du marasme aussi sentimental. (*Silence*) Le grenier est envahi de crottes de souris. Finalement, j'y crois pas aux fantômes… Ou alors dans les châteaux ! Vous croyez, vous, qu'ils passeraient des siècles dans une vieille baraque alors qu'ils peuvent se loger gratos dans un palace ? Vous ne croyez pas ?

L'inspecteur : - C'est un raisonnement logique.

Stéphane : - Si j'en croise un je lui donnerai votre adresse !

Nouveau bruit. Stéphane se lève comme si de rien n'était, va chercher un bol.

Stéphane : - Vous dérangez pas, je vous laisse la table, je vais déjeuner ici... J'ai l'habitude.

Il prend la casserole de la main gauche, donne un coup de coude dans le couvercle de la gazinière... (un bruit donc assez proche de celui du grenier... L'inspecteur sursaute)

Stéphane : - Vous inquiétez pas... Je n'ai que deux bras. Pas vous ?

Il pose le bol, verse le lait, pose la casserole, va chercher du pain, du beurre, de la pâte à tartiner premier prix, déjeune...
L'inspecteur feuillette les papiers... Quelques bruits dans le grenier le font toujours redresser la tête.

L'inspecteur : - Pourquoi vos... dépenses – recettes ne sont pas classées ?

Stéphane, *sourit* : - Je pouvais quand même pas imaginer qu'un jour un inspecteur préférerait passer sa journée à vérifier mes additions, plutôt que de s'attaquer aux fraudeurs... Les artisans qui se déplacent uniquement s'ils sont payés au noir, les bouchers, les charcutiers, les agriculteurs, les pharmaciens qui revendent les médicaments qu'on leur rapporte normalement pour les pays pauvres.

L'inspecteur : - Vous avez réglé en liquide un artisan ?

Stéphane : - Vous croyez que j'ai les moyens de faire des travaux ?... (*en souriant* :) Je n'ai pas votre paye !

L'inspecteur a un très léger sourire et replonge dans les papiers. Stéphane termine son déjeuner... L'inspecteur ouvre sa sacoche, en sort une photocopie.

L'inspecteur : - J'ai ici un article. Je suppose que vous le connaissez.

Stéphane : - On me l'a montré. La photo était plutôt réussie, vous trouvez pas ? Je suppose que vous avez compris !

L'inspecteur : - Qu'y a-t-il à comprendre ?

Stéphane : - Oh, comme vous êtes tenu au secret professionnel, je peux vous l'avouer : j'ai fait comme tout le monde.

L'inspecteur : - Pourriez-vous être plus clair ?

Stéphane : - Ça vous intéresse vraiment les grandeurs et misères des artistes ?

L'inspecteur : - J'étudie sans a priori les dossiers, et pour cela je dois connaître votre position.

Stéphane : - Alors vous devez savoir que les artistes qui n'ont pas les moyens de se payer de la chirurgie esthétique, donnent aux journalistes une ancienne photo, qui plus est retouchée.

L'inspecteur : - La photo n'est pas l'essentiel pour moi. Vous y déclarez avoir vendu mille huit cents exemplaires de votre dernier ouvrage.

Stéphane : - C'est déjà bien, vous trouvez pas ? Les romans se vendent en moyenne à 600 exemplaires.

L'inspecteur : - Mais quand je multiplie mille huit cents par le prix de vente, j'obtiens des recettes nettement supérieures à vos déclarations.

Stéphane, *éclate de rire* : - Vous êtes sérieux !

L'inspecteur : - Ai-je l'air de plaisanter ?

Stéphane : - Donc des gens avec votre salaire lisent ce torchon… Et en plus le croient !

L'inspecteur : - Ce sont bien vos déclarations ? Sinon vous auriez exigé un démenti.

Stéphane : - Et vous croyez quand même pas qu'un éditeur va communiquer aux journalistes ses véritables chiffres !

L'inspecteur : - Si vous mentez aux journalistes, je n'ai pas de raison de croire que vous agissiez différemment envers le centre des impôts ?

Stéphane : - Et si demain le journaliste vous demande à quoi vous passez votre temps, vous allez lui raconter : à vérifier si les informations qu'il publie dans son canard sont conformes aux déclarations fiscales ?

L'inspecteur : - De part ma profession, je suis tenu au secret professionnel.

Stéphane : - De part ma profession, je suis tenu au baratin professionnel. Vous ne croyez quand même pas Gallimard ou Fayard et leurs publicités 300 000 exemplaires vendus un mois après la sortie d'un roman !

L'inspecteur : - Ces contribuables ne figurent pas dans notre circonscription fiscale.

Stéphane : - Je suis le seul éditeur de votre circonscription ?

L'inspecteur : - Vous déclarez dans cet article être « *le premier auteur éditeur professionnel de la région* », et je ne suis pas tenu de vous signaler si l'ensemble des représentants de votre profession sont vérifiés.

Stéphane : - Alors vous avez de la chance… Vous venez de découvrir qu'un éditeur considère les journalistes comme de simples relais commerciaux ! Vous n'avez jamais vu le bandeau best-seller sur des livres dont on annonce simplement la sortie pour le mois suivant ?

L'inspecteur : - Monsieur Ternoise, puis-je voir votre stock ?

Stéphane : - Pas de problème... C'est dans la grande pièce... Vous avez un bonnet ?

L'inspecteur : - Je vous suis.

> *Stéphane prend un vieux manteau délabré, le passe au-dessus de son peignoir...*

L'inspecteur, *qui veut faire de l'humour* : - J'ai des difficultés à envisager qu'il puisse faire plus froid qu'ici.

Stéphane : - La grande pièce est située au Nord. Pour vous ce n'est pas grave... En cas de maladie vous avez droit aux congés payés.

> *Ils sortent. Bruits de pas dans le grenier. Puis conversation.*

Nathalie : - Pendant ce temps-là, les petites souris se dégourdissement les pattes. Et les bras, et les bras (sur l'air d'Alouette), et le cou, et le cou, et les seins et les seins.

Aurélie : - Oh !

Nathalie : - T'aimes pas qu'on te caresse les seins.

Aurélie : - Je préfère que ce soit Stéph.

Nathalie : - Ne sois pas désagréable ! C'est simplement qu'avec Stéph tu es nue. Veinarde !

Aurélie : - Mais je suis ta sœur ! Qu'est-ce que tu fais !

Nathalie : - Je passe doucement mes doigts sous ton gros pull et ton petit tee-shirt. Tu te souviens, quand on dormait dans le même lit ?

Aurélie : - Arrête !

Nathalie : - Chut, j'entends des pas, les gladiateurs reviennent.

Aurélie : - Arrête !

L'inspecteur, *en rentrant* : - Vous prétendez que mentir aux journalistes est fréquent dans votre profession.

Stéphane : - Vous pouvez vérifier. Le tirage de mon dernier roman est de 1024 exemplaires. Comment voulez-vous qu'en tirant à 1024 je puisse avoir vendu 1800. En plus vous avez bien constaté qu'il m'en reste plus de 25 !

L'inspecteur : - Mais c'est un mensonge ! Je ne comprends pas ! Pourquoi vous proclamez-vous « *premier auteur-éditeur professionnel de la région* » ? Alors que vous ne vendez presque rien et vivez du Rmi ?

Stéphane : - Pour qu'un livre se vende, il faut d'abord faire croire qu'il se vend. Les écrivains n'y peuvent rien, les lecteurs sont comme ça, ils nous regardent uniquement si on les a persuadés que leur voisin nous a lu. Il faut qu'inconsciemment ils se sentent coupables de ne pas nous avoir lu… Vous, par exemple.

L'inspecteur : - Moi ?

Stéphane : - Oui, vous, au volant de votre voiture, vous pensiez « ça doit être intéressant ce qu'il écrit, quelle chance j'ai, je vais rencontrer un grand écrivain. » (*silence*) Vous aviez même décidé d'acheter un de mes livres. Et maintenant ?

L'inspecteur : - Désolé de vous décevoir mais avec ma charge de travail, je n'ai pas le temps de lire au-delà des lectures professionnelles.

Stéphane : - Vous n'achetez jamais de livre !

L'inspecteur : - Euh… Parfois pour offrir.

Stéphane, *désabusé* : - C'est le problème. Les gens intéressés par mes livres sont jeunes et sans un sou, et les friqués s'en foutent de la littérature. Qui plus est, quand vous achetez un livre, vous prenez celui dont « on », le « on » de la manipulation médiatique, dont on dit « c'est intéressant ». Et votre ami vous dira merci, il placera ce livre dans sa bibliothèque et jamais ne l'ouvrira. Mais vous aurez l'impression de réaliser un cadeau original et lui aussi sera satisfait, parce qu'il pensera que vous le considérez comme un lecteur, donc comme une personne intelligente... C'est foutu, la littérature...

L'inspecteur : - Nous sommes ici pour évoquer votre comptabilité.

Stéphane, *encore plus désabusé* : - Si mes explications vous emmerdent, je vais me recoucher.

Enorme bruit : comme si deux personnes se roulaient par terre dans le grenier. L'inspecteur dresse la tête.

L'inspecteur : - Et cela ne vous inquiète pas ?

Stéphane : - Oh vous savez, vous faites votre métier, mais vous pouvez passer trois jours dans ma comptabilité, si vous trouvez une erreur, elle sera même pas de 17 euros, alors pourquoi je m'inquiéterais, erreur ou pas erreur de 14 euros, de toute manière je suis loin d'être imposable.

L'inspecteur : - Je parlais des bruits étranges dans votre grenier.

Stéphane : - Vous croyez que j'ai les moyens de faire venir la compagnie de défantomisation ?

L'inspecteur a un sourire crispé.

Stéphane : - Vous vous y connaissez en fantômes ?... Vous croyez que c'est dangereux ?

L'inspecteur, *qui se frotte les mains* : - Vous ne chauffez jamais ?

Stéphane : - Y'a des gens qui dorment dehors à moins dix, mon grand-père a passé un hiver dans les tranchées, vous croyez qu'il jouait les chochottes ? Quand on a la chance d'avoir un toit, on doit déjà se considérer bien heureux, on baisse la tête, on ferme sa gueule et on attend le printemps, et ça n'empêche pas d'être heureux… C'est en soi qu'on trouve l'essentiel… Vous ne croyez pas ?

L'inspecteur : - Certes mais… Je vais terminer de consulter votre… Comptabilité.

L'inspecteur se rassied et feuillette.

L'inspecteur : - Haaa ! (*il bondit hors du canapé*)

Stéphane : - Vous avez eu une vision ?

L'inspecteur ne peut plus parler, montre la table.

Stéphane : - Qu'est-ce qui se passe ?… Vous avez eu une vision ?… Votre femme avec le facteur ?

L'inspecteur, *continue à montrer la table et réussit à articuler* : - Du sang !

Stéphane : - Votre femme perd son sang ?

L'inspecteur, *respire profondément* : - Du sang est tombé sur les feuilles.

Stéphane : - Le sang de votre femme est tombé sur les feuilles ?… Dans votre jardin ?

L'inspecteur, *montrant le plafond* : - Du plafond, sur vos feuilles.

Stéphane, *s'avance vers la table, prend une feuille* : - Vous êtes certain que ça n'y était pas avant ?

L'inspecteur : - Je l'ai vu tomber… C'est du sang frais.

Stéphane, *bascule la feuille* : - Ah oui ! Il bouge sur la feuille… Vous ne vous seriez pas coupé… Ça arrive souvent avec des feuilles…

L'inspecteur, *qui se regarde quand même les mains* : - Le sang est tombé du plafond.

Stéphane : - C'est pas possible !… Les fantômes ne perdent pas de sang.

L'inspecteur se rapproche de la table en regardant le plafond puis la feuille que Stéphane tient en main.

L'inspecteur : - C'est bien du sang.

Stéphane : - Oh putain ! Vous croyez que ça vient du plafond... Alors tout s'explique.

L'inspecteur : - Tout s'explique ?

Stéphane : - Oui, une fois j'avais laissé un bouquin ouvert sur la table et le lendemain il y avait une grosse tache rouge dessus. C'était un bouquin de la bibliothèque, *les ombres errantes*, de Pascal Guignard, je me suis demandé comment j'avais fait la veille pour ne pas la voir... Donc y'a aussi du sang qui tombe du plafond... Ce s'rait mieux si c'était de l'or.

L'inspecteur : - Je crois qu'il vous faudrait prévenir les services sanitaires.

Stéphane : - Vous croyez qu'à la mairie, ils ont un service de défantomisation ?...

L'inspecteur tremble.

Stéphane : - Le notaire me répondrait avec son petit air de vipère, « vous ne pouvez pas dire que je vous ai caché que votre maison est située près du cimetière »... Pour comprendre ma réflexion, il faut savoir que ce notable de campagne n'a pas jugé opportun de me signaler qu'un projet de ligne à Très Haute Tension était dans les cartons, une ligne à Très Haute Tension qui doit passer à même pas cinq cents mètres d'ici... Plutôt que de chercher des poux chez les honnêtes citoyens, vous feriez bien de vérifier les dépenses recettes des notaires... Parce qu'il m'a demandé du fric en liquide, ce blaireau. J'ai bien sûr refusé, je vous le dis tout de suite. Mais d'autres doivent se laisser dépouiller.

Silence. L'inspecteur est comme tétanisé. Il continue à regarder le plafond. Stéphane, derrière lui, sourit. Il tire sur une ficelle derrière le canapé. Et on entend le « clic » d'une trappe à souris. L'inspecteur sursaute, se retourne.

Stéphane : - Ah ! Ça doit être une bonne nouvelle.

Il contourne le canapé, se baisse et brandit une trappe avec une souris morte.

Stéphane : - Toujours une qui n'ira pas se réfugier dans votre poche.

L'inspecteur frappe machinalement ses mains contre ses poches, puis s'essuie le front.

L'inspecteur : - Bon… Je crois avoir recueilli suffisamment d'informations…
Il regarde discrètement dans sa sacoche, ne veut pas trop montrer qu'il vérifie s'il n'y a pas de souris, regarde vers la table, regarde Stéphane.
L'inspecteur : - Je vous souhaite une bonne journée, monsieur. Je vous souhaite bon courage.
Stéphane : - Je vous souhaite un bon retour… C'est bon, donc, ma… Ma comptabilité.
L'inspecteur : - Vous recevrez une notification écrite.

L'inspecteur, à reculons, va vers la porte de la cuisine, qu'il ouvre.

Stéphane : - Vous préférez sortir par la fenêtre de la cuisine ?
L'inspecteur : - Ce n'est pas la sortie ?
Stéphane : - Si vous préférez sortir par la fenêtre, ça ne pose pas de problème pour moi. Vous aviez l'option acrobaties au bac ?

L'inspecteur essaye de se repérer et avance vers la porte couloir / cave.

L'inspecteur : - Je vous souhaite une bonne journée.

Stéphane : - Je vais vous ouvrir la porte de la cave.

L'inspecteur sort, Stéphane le suit.

Du grenier :

Nathalie, *doucement* : - Tu vois bien qu'il était nickel mon plan !

Aurélie : - Attends qu'il ait démarré, on ne sait jamais.

> *Quelques instants. Stéphane rentre avec un radiateur, le branche.*

Aurélie : - On doit voir sa voiture par les trous à pigeons.

> *Elles courent dans le grenier.*

Nathalie : - Il est blanc comme un linge ton inspecteur… Il a du mal à respirer… Ah, il vient de mettre sa bagnole de bourge en marche… En plus il ose nous polluer, ce fonctionnaire.

Aurélie : - C'est bon, il est parti.

Nathalie : - Remets l'échelle Stéph…

> *Stéphane va dans la cuisine, on l'entend poser une échelle, la trappe du grenier s'ouvre…*

Nathalie : - Cette fois je passe la première…

> *Bruit : un grand bond.*

Aurélie : - Mais tu es folle de sauter comme ça.

Nathalie : - C'est pour sauter dans les bras de Stéph, ma grande sœur adorée… Tu as été génial mon Stéph adoré !…

Aurélie : - Tenez l'échelle… Nat, je te permets pas de frotter tes seins contre la poitrine de Stéph…

Nathalie : - Regarde pas en bas, tu vas avoir le vertige !…

Aurélie : - Nat, tes seins !

Nathalie : - Mes seins… Après c'qu'on a fait là-haut… Je peux bien embrasser Stéph aussi sur la bouche (*on entend un bruyant baiser sur la bouche*).

Aurélie : - Mais défends-toi Stéph… Et tiens-moi l'échelle… Nat, ça t'avais pas le droit…

Un nouveau bruyant baiser.

Nathalie : - Bon, je te tiens l'échelle… À condition qu'on prenne une douche à trois.

Aurélie : - Jamais. Jamais !

Nathalie : - Viens Stéph, on va aller prendre une douche à deux… On va quand même retirer l'échelle, on ne sait jamais avec Aurel, la jalousie pourrait être plus forte que sa phobie !

Aurélie : - Nat, je te défends.

Nathalie : - Quoi, je suis couverte de toiles d'araignées, je peux bien prendre une douche.

Aurélie : - Stéph, tiens-moi l'échelle !

Nathalie : - Allez, décontracte-toi… Alors, tu en as envie aussi, d'une douche à trois ?

Aurélie : - Nat, arrête… Stéph, plutôt que de te laisser caresser, tiens-moi l'échelle… Il est temps… Nat arrête.

Nathalie : - J'aime bien te caresser les jambes, descends encore d'un barreau…

Aurélie : - Tu veux vraiment que je me casse la gueule.

Nathalie : - T'inquiète pas, on te récupérera dans nos bras, et on t'emmènera immédiatement sous la douche.

Aurélie : - Arrête Nat.

Nathalie : - Je n'y peux rien, comme tu es descendue d'un barreau, tu es juste à la hauteur… Encore un et...

Aurélie : - Mais Stéph, empêche-la.

Stéphane : - Vous avez fait quoi là-haut pour être dans cet état ?

Aurélie : - Ah non Nat !…

Nathalie : - Entre sœurs, une certaine tendresse est permise quand même…

Rideau

Acte 3

Idem acte 1 (sauf télévision), Stéphane lit, allongé dans le canapé... Entre... Nathalie !...
Elle tient dans la main droite une lettre (dès qu'elle ouvre la porte, Stéphane se retourne, la fixe d'Amour).

Scène 1

Nathalie : - Gloire à l'administration fiscale qui a changé notre vie !

Stéphane : - Mais maintenant que sa vie n'a pas été totalement inutile, qu'elle nous fiche la paix !

Nathalie : - Ne sois pas impatient ! (*Nathalie déchire l'enveloppe, sort la lettre à toute vitesse, la lit de même, et la jette en l'air tout en se précipitant sur Stéphane qui se lève*) Aucune charge retenue contre vous... mon Amour.

Ils se serrent.

Nathalie, *sourit et se sépare de Stéphane* : - Tu sais comme je suis...

Stéphane : - Presque !

Nathalie : - Je m'étais dit que s'ils nous laissaient tranquilles, c'était bon signe... Et dans le cas contraire que j'étais...

Stéphane, *sourit* : - Tu étais ?

Nathalie : - Une garce !

Stéphane : - Oh !

Nathalie : - Ce n'est pas tout !... S'ils nous laissaient tranquilles c'était bon signe... Et nous pouvions avoir un enfant cette année.

Stéphane : - Tu crois notre rythme de vie compatible avec un enfant.

112

Nathalie : - Quand nous serons trop occupés, sa marraine se fera un plaisir de le pouponner.

Stéphane : - Sa marraine... Tu veux dire ?

Nathalie : - Bin oui, Aurel... Je vais l'appeler pour lui annoncer... Lui annoncer... Oui, je ne t'ai pas encore tout avoué !... Comme ils tardaient à nous écrire, ça signifiait que tout allait bien... Donc j'ai devancé la bonne nouvelle... J'ai arrêté la pilule y'a sept semaines.

Stéphane : - Tu ?

Nathalie : - Ça fait un moment que faire l'amour dans la baignoire, ce n'était plus par obligation.

Stéphane : - Tu sais bien que je mélange les jours et les semaines. Tu veux dire... (*il pose sa main droite sur le ventre de Nathalie*)

Nathalie : - On va avoir un bébé.

Stéphane serre Nathalie dans ses bras.

Nathalie : - Tu trouves pas que tu exagères... Je m'empresse de résumer avant toi !

Stéphane : - Tu crois qu'Aurélie va être ravie, sera d'accord pour être marraine ?

Nathalie : - C'est ma frangine. Et je la connais même mieux que toi... Tu vois... Elle doit attendre mon appel. Elle va me demander ce que je deviens depuis le temps, où j'étais passée pour la laisser sans nouvelles.

Stéphane : - Bon, je veux bien croire qu'elle ne t'en veuille plus mais...

Nathalie : - Et toi, tu veux dire ?

Stéphane : - Bin oui, faudrait quand même que la marraine de notre enfant ne me morde pas dès qu'elle me verra...

Nathalie : - Au contraire !...

Stéphane : - Au contraire ?...

Nathalie : - Ou plutôt ça risque d'arriver.

Stéphane : - Qu'elle me morde !

Nathalie : - C'est c'qui m'embête… Mais je n'ai pas le choix… Elle risque de te laisser de tendres morsures…

Stéphane : - Oh !

Nathalie : - Bin oui, je lui ai piqué son mec. Dans notre langage ça fait 2-1.

Stéphane : - C'est quoi de votre score footballistique !

Nathalie : - Donc Aurel ne t'a jamais raconté !

Stéphane : - Alors ce n'était pas la première fois !

Nathalie : - La première fois, ça n'avait rien de comparable avec nous, c'était juste pour rire. Et finalement elle a été bien contente que je la débarrasse… Mais dès que je suis sortie avec un autre mec, il ne lui a pas fallu huit jours pour égaliser. Donc je sais que même si pour elle comme pour moi ça n'a rien à voir…

Stéphane : - Je crois plutôt qu'elle m'en veut.

Nathalie : - Je sais qu'elle te veut.

Stéphane : - Je t'ai déjà dit.

Nathalie : - Je sais… Et Aurel aussi… Mais ça ne change rien, elle va essayer de te récupérer.

Stéphane : - Oh ! Tu crois que je pourrais…

Nathalie : - Qui pourrait résister à Aurel quand elle veut quelque chose !

Stéphane : - Qui pourrait résister à Nathalie quand elle veut quelque chose !… C'est bien ce qu'elle avait conclu… Avant de m'envoyer cette gifle que je sens encore (il se touche la joue). Tu n'as pas confiance en moi ?

Nathalie : - Oh si !

Stéphane : - Alors ! En plus nous allons avoir un enfant !

Nathalie : - Elle va essayer d'être ton amante !

Stéphane : - Oh !

Nathalie : - Le jour où nous devrons arrêter de faire l'amour.

Stéphane : - Oh !

Nathalie : - Elle a plusieurs solutions.

Stéphane : - Tu as déjà réfléchi à tout ça !

Nathalie : - N'oublie pas qu'en plus d'être la plus grande artiste peintre du... J'allais dire du pays... Bon, du Quercy, un jour je serai auteur de théâtre.

Stéphane : - Alors Aurélie sur ça avait raison ! Nous sommes tes cobayes !

Nathalie : - Mais je suis aussi mon propre cobaye. Et tout le monde ferait bien d'en faire autant, d'utiliser son vécu pour le transcender en art. C'est la seule manière de le sauver du néant.

Stéphane : - Tu es vraiment la dernière Proustienne.

Nathalie, *récite* : - *La vraie vie, la vie enfin découverte et éclaircie, par conséquent la seule vie réellement vécue, c'est la littérature.*

Stéphane : - Et si j'ai bien suivi, dans cinq minutes tu téléphones à Aurélie...

Nathalie : - Et dans une heure elle débarque ici !

Stéphane : - Et elle arrivera avec un moral d'enfer pour essayer d'égaliser dans votre grand jeu !

Nathalie : - Ça va bien plus loin que ça.

Stéphane : - C'est à dire ?

Nathalie : - Elle t'aime encore.

Stéphane : - Là tu exagères.

Nathalie : - On verra... Mais...

Scène 2

Les mêmes

Nathalie, *va au téléphone* : - Je ne peux pas faire autrement que de l'appeler... Tu préfères que je ne l'appelle pas ?

Stéphane : - Peut-être que oui.

Nathalie : - Mais c'est impossible. Je crois que ça devient invivable pour elle comme pour moi de ne plus se voir... Et comme je t'aime... Je suis même prête à comprendre qu'un jour elle devienne ton amante.

Stéphane : - Oh !

Nathalie : - Je serai au courant. Je devinerai. Mais... Enfin, on verra... De toute manière je n'oublierai pas que c'est moi qui ai fait revenir ainsi ma... concurrente.

Stéphane : - Ou alors, tu veux te prouver que jamais elle n'égalisera !

Nathalie, *en souriant* : - Alors maintenant monsieur le magouilleur amateur essaye de me deviner !... Bon j'appelle...

> *Nathalie décroche l'appareil, pianote les dix numéros... et attend.*

Nathalie : - Aurel !

Nathalie : - Comment je sais quoi ?

Nathalie : - Qu'est-ce qui t'arrive ?

Nathalie : - Oh zut ! Tu aurais pu appeler !

Nathalie : - Et tu vas faire quoi ?

Nathalie : - Quoi ! À la rue ! Jamais !

116

Nathalie : - Tu vas venir ici quelques jours avant de retrouver quelque chose.

Nathalie : - Mais si, Stéph est d'accord.

Nathalie, *à Stéphane* : - Son téléphone est coupé demain, elle est à la rue lundi, elle n'a plus un centime, virée du Rmi, et elle ne veut pas venir ici quelques jours. Elle ose prétendre que tu ne voudras jamais ! Tiens, dis-lui.

Stéphane prend l'appareil.

Stéphane : - Aurélie…

Stéphane : - Tu me prends pour un grand méchant loup alors… En plus Nathalie avait quelque chose d'important à t'apprendre.

Stéphane : - Je t'invite aussi quelques jours…

Stéphane : - Nathalie va te le dire.

Stéphane redonne l'appareil à Nathalie.

Nathalie : - Je suis enceinte.

Nathalie : - Tu es toujours là ?

Nathalie : - Tu veux bien être la marraine à gâteaux ?

Nathalie : - On va venir te chercher...

Nathalie : - T'es sûre... Bon, à tout de suite…

Nathalie raccroche.

Nathalie : - Elle arrive en stop. Elle n'a plus qu'un sac de sport ! (*silence*) Picasso ! Jamais j'aurais cru qu'elle puisse tomber comme ça ! Picasso ! Même virée du Rmi ! Elle t'aime donc autant que je t'aime !

Stéphane : - Dire que durant des années j'ai vécu seul, en pensant qu'aucune femme ne pourrait supporter cette vie d'écrivain sûrement un peu trop lucide, de campagnard même pas milliardaire américain.

Nathalie : - Ton cœur balance déjà ?

Stéphane, *va vers Nathalie, la prend dans ses bras* : - C'est une vraie question ou c'est juste... Pour si un jour tu en fais une pièce de théâtre ?

Nathalie : - Mais là je suis dépassée ! J'aurais jamais pu imaginer qu'un jour j'inviterais l'ancienne amie de l'homme que j'aime à venir partager nos quelques mètres carrés. Même si cette ancienne amie est ma sœur adorée !... Tu crois que notre couple peut résister à un pareil cyclone ?

Stéphane : - Aurélie t'appelait souvent Nat le cyclone.

Nathalie : - Les sœurs cyclones. Cyclothymiques aussi.

Stéphane : - Donc mon avenir est d'être naufragé !

Scène 3

Les mêmes plus Aurélie

On frappe à la porte.

Nathalie : - Déjà !
Stéphane : - C'est pas possible.

> *Aurélie apparaît à la fenêtre. Nathalie va ouvrir ;*
> *les deux sœurs tombent dans les bras l'une de*
> *l'autre.*

Nathalie : - Comment as-tu fait pour arriver aussi vite ?
Aurélie : - Imagine sur qui je suis tombée au rond-point ?
Not... Votre voisin ! Mais je n'ai rien dit pour...
Aurélie pose une main sur le ventre de sa sœur.

Nathalie : - Il est trop tôt pour l'entendre.

> *Aurélie se tourne vers Stéphane.*

Aurélie, *dont la voix tremble légèrement* : - Bonjour
monsieur. (*elle sourit*) Bonjour Stéphane.
Stéphane : - Bonjour Aurélie.

> *Nathalie les regarde, interrogative. Aurélie se tourne*
> *vers elle :*

Aurélie : - Vous l'avez fait exprès ou tu as oublié ta
pilule ?
Nathalie, *vexée* : - Je n'ai jamais joué à la roulette russe
avec ma vie... (*posément :*) Tu nous racontes tes
aventures ?
Aurélie : - Aurélie, trente ans et des poussières, sans
domicile fixe, sans illusion, sans passion, sans présent,
sans avenir, punkitude totale, tendance Cioran.

Nathalie : - Et tes tableaux, ton chevalet ?

Aurélie : - J'ai hésité entre le mont de piété et... Et j'ai tout cassé. Je ne suis pas peintre, il n'y a qu'un artiste par génération dans la famille... J'ai hérité de la mère et toi du père... Je suis looser, parano, mauvais karma, détraquée, héritière des tares accumulées par des générations d'ivrognes, de schizophrènes, d'hystériques. Bon, je vous préviens, zéro niveau moral, ces jours-ci...

Nathalie : - J'ai ce qu'il te faut...

Nathalie va dans la cuisine et revient avec une bouteille de rosé et trois verres. Elle les pose sur la table, et verse. Durant son absence, Aurélie et Stéphane n'osent pas se parler, détournent les yeux et se lancent quelques regards...

Nathalie : - Allez...

Aurélie et Stéphane s'approchent de la table.

Aurélie : - Balancez-moi dans un foyer ou sous un pont. Ce s'rait sûrement mieux

Nathalie : - Dis pas de conneries... Allez, à ton grand rôle de marraine à gâteaux...

Ils trinquent debout. Nathalie et Stéphane boivent une gorgée. Aurélie vide son verre cul sec. Nathalie lui en ressert un immédiatement. Vidé de nouveau cul sec.

Aurélie : - Prendre une cuite et dormir, c'est peut-être ce que j'ai de mieux à faire... Je suppose que vous n'avez pas vraiment eu le temps de faire des travaux... Je dormirai dans le canapé.

Aurélie vide un troisième verre.

Aurélie : - Vous avez du stock ?

Nathalie : - Stéph m'a formé aux réclamations, c'est ma première réussite viticole de magouilleuse amateur : quatre cartons reçus hier matin.

Rideau

Acte 4

Stéphane, Nathalie, Aurélie

Environ un an plus tard. Décor identique à l'acte précédent. Stéphane dans le canapé. Il pose son livre. Et pense à voix haute, en souriant :

Stéphane : - Un contrôle fiscal ! Je n'aurais jamais pu croire qu'un contrôle fiscal bouleverserait autant ma vie !

Entre Nathalie.

Nathalie : - En plus tu parles seul maintenant !

Stéphane : - Je pensais à ce qui vient de nous arriver... (*souriant*) C'est vrai, finalement, on devrait peut-être en faire une pièce de théâtre de notre vie !

Nathalie, *montre une lettre* : - Et y'à une suite !

Stéphane : - Peut-être qu'il s'est décidé à m'acheter un livre.

Nathalie : - Tu attends ce soir avant d'ouvrir... (*elle s'approche très câline*)

Stéphane : - Ouvre quand même !

Nathalie, *ouvre, devient blême, se tient au canapé* : - Oh misère !

Stéphane : - Quoi ?

Nathalie, *lit d'une voix mécanique* : - Il apparaît après enquête de voisinage et diverses écoutes téléphoniques, deux points à la ligne, un tiret, les sœurs Kelly, officiellement hébergées à titre gratuit, sont vos concubines et perçoivent indûment le RMI ainsi que l'allocation parents isolés pour des enfants dont tous les indices concordent pour vous en attribuer la paternité.
En conséquence de quoi, et après concertation avec le

Conseil Général, nous nous réservons le droit de déposer plainte auprès du Tribunal de Grand Instance de Cahors pour extorsion d'avantages sociaux indus et polygamie contraire à la législation, ceci dans le cas où vous ne régulariseriez pas votre dossier sous trente jours par le remboursement des sommes trop perçues, soit

Nathalie s'évanouie.

Stéphane, *bondit et hurle* : - Aurélie !

Stéphane essaye de réanimer Nathalie, Aurélie arrive.

Aurélie : - Dis pas que Nat s'est évanouie... C'est pas possible !

Stéphane ramasse la lettre et la lui tend, tout en essayant de réanimer Nathalie par des gestes désordonnés.

Stéphane, *affolé* : - Aide-moi plutôt, tu liras plus tard.

Aurélie, *en souriant* : - Essaye le bouche à bouche, je suis certaine qu'elle va adorer.

Stéphane, *la regarde* : - Et ça te fait rire !

Aurélie : - Viens, on va faire l'Amour, on s'occupera de son cas plus tard !

Stéphane : - Qu'est-ce qui te prend ?

Aurélie : - Bin quoi ! Tant que Nat est évanouie, je peux en profiter quand même !

Stéphane : - Arrête, c'est grave, elle réagit plus (*Stéphane continue à la remuer*).

Aurélie se baisse et... gifle doucement sa sœur... qui ne réagit pas. Elle la pince. Aucune réaction.

Aurélie : - Merde ! Je ne me serais quand même pas trompée ?

Stéphane : - Trompée ?

Aurélie : - Cette lettre, c'est une lettre de Nathalie.

Stéphane : - Pas possible. J'vois vraiment pas pourquoi elle aurait fait ça. Aide-moi, plutôt que de dire n'importe quoi... T'as pas fait secouriste ?

Aurélie : - Quatre heures ! Et il y'a deux minutes, j'en aurais mis mes seins à couper. Elle réagit pas quand je la pince !... J'ai trouvé !

Stéphane : - Quoi ?

Aurélie : - J'ai trouvé ! Les chatouilles sous les pieds.

Nathalie se redresse en bousculant Stéphane toujours agité près d'elle.

Nathalie, *en riant* : - Non, pas les guilis !

Aurélie : - Nat, tu peux te jouer de Stéph... Mais pas de ta grande sœur adorée.

Nathalie : - J'ai fait quoi comme erreur ?

Aurélie : - Aucune !

Nathalie : - Alors ?

Aurélie : - Je savais bien qu'un jour tu t'amuserais à ça !

Stéphane : - Et vous croyez qu'un mec peut survivre ainsi avec deux femmes et deux enfants !

On entend un enfant pleurer.

Aurélie : - Je suis certaine que c'est le cri « pas les guilis » qui l'a réveillée. Allez Stéph... C'est une de tes filles !

Stéphane sort.

Aurélie : - Alors, pourquoi tu as joué à ça ?

Nathalie : - Je n'arrivais pas à trouver une chute originale pour ma pièce de théâtre.

Aurélie : - Alors, c'est ça que tu écris !

Nathalie : - Je voulais vous en faire la surprise !

Aurélie : - Arrête, tu ne peux pas écrire notre vie. On va avoir tout le monde sur le dos, le fisc, le Conseil Général, des ligues nous accuseront d'incitation à la polygamie, un ministre voudra nous exclure de la nationalité française puisque nous n'avons pas de légion d'honneur à rendre et nos relations sont légèrement...

Nathalie : - Quoi légèrement ! Entre adultes consentants ! Où est le problème ?... Et en plus... Je peins depuis quinze ans et j'ai vendu un tableau, encore, parce que le vieux roudoudou espérait qu'une nuit soit comprise ! Alors on touchera le minimum vieillesse avant qu'elle soit jouée, cette pièce.

Aurélie : - Et tu penses que ça ferait une bonne chute, ta tirade sur l'environnement de notre combat contre une société étriquée et a-culturelle ?

Nathalie : - Une bonne chute... Quelque chose dont tout le monde se souviendra...

Aurélie : - Tu as une meilleure idée ?

Nathalie sourit, elle gifle sa sœur.

Nathalie : - Un partout !

Rideau - Fin.

Henri Feur fut l'un des grands maîtres-verriers de la fin du dix-neuvième, successeur de Joseph Villiet. Ce vitrail est encore visible à Mercuès, dans le Lot. Je publierai un livre, en couleur, sur Henri Feur, avec ces vitraux, il n'était donc pas nécessaire d'augmenter le prix pour l'ajouter à l'intérieur de ce livre.

À Figeac, on retrouve les mêmes personnages.

Et rendez-vous à Fumel pour la suite...

Stéphane Ternoise… un peu plus d'informations

Né en 1968

http://www.ecrivain.pro essaye d'être complet, avec un "blog" (je préfère l'expression "une partie des chroniques"). Mais il ne peut naturellement pas copier coller l'ensemble des textes présentés ailleurs.

http://www.romancier.net

http://www.dramaturge.net

http://www.essayiste.net

http://www.lotois.fr

Les noms de ces sites me semblent explicites…
Le graphisme reste rudimentaire. Tant de choses à faire…

http://www.salondulivre.net le prix littéraire a lancé sa onzième édition. Une réussite d'indépendance. Mais peu visible…

L'ensemble des livres numériques ont vocation à devenir disponibles en papier et réciproquement. Il convient donc de parler de livre au sens fondamental du terme : le contenu, l'œuvre. En juillet 2013, le catalogue numérique de Stéphane Ternoise dépasse la barre naguère inimaginable de la centaine. Il est constitué de romans, pièces de théâtre, essais mais également de photos, qu'elles soient d'art (notion vague) ou documentaires (présentation de lieux, Cahors, Cajarc, Montcuq, Beauregard, Golfech…), publications pour lesquelles l'investissement en papier est impossible, sauf à recourir à l'impression à la demande.

Stéphane Ternoise

Le manifeste
de l'auto-édition

Stéphane
Ternoise

Le manifeste
de l'auto-
édition

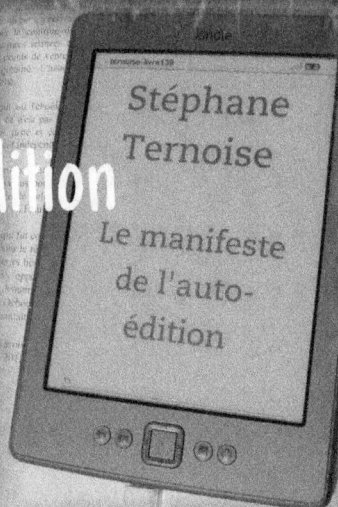

Manifeste politico-littéraire pour la reconnaissance des écrivains
indépendants et une saine concurrence entre les différentes formes d'édition

Jean-Luc Petit éditions - Collection Essais

Table

Site officiel : http://www.ecrivain.pro

Présentation des livres essentiels :
http://www.utopie.pro

Contrôle fiscal, la pièce de théâtre de **Stéphane Ternoise**

Dépôt légal à la publication au format ebook.

Imprimé par CreateSpace, An Amazon.com Company pour le compte de l'auteur-éditeur indépendant. **livrepapier.com**

ISBN 978-2-36541-428-9
EAN 9782365414289

www.ingramcontent.com/pod-product-compliance
Lightning Source LLC
LaVergne TN
LVHW051644080426

835511LV00016B/2487